Carl-Auer

Systemische Pädagogik

Was treibt Menschen zum Lernen an? Was hält sie davon ab? Wie kann eine funktionierende Lehrer-Schüler-Eltern-Beziehung entstehen? Wie gelingen Erziehung und Bildung? Was sind Kompetenzen und wie lässt sich deren Reifung unterstützen? Wie fördert man Persönlichkeiten?

Diese und ähnliche Fragen stehen im Mittelpunkt der Systemischen Pädagogik. Das Ziel ist ein von wechselseitigem Respekt geprägter Umgang von Schülern, Lehrern, Erziehern und Eltern. Gemeinsames Lernen mit Zuversicht und Spaß, der Blick auf die Potenziale und Fähigkeiten – zwei Grundannahmen der Systemischen Pädagogik. Gleichzeitig ist sich die Systemische Pädagogik der Tatsache bewusst, dass Menschen lernfähig, aber unbelehrbar sind. Welche Konsequenzen sich daraus für gelingende Lern- und Bildungsprozesse für Lehrende bzw. Lernbegleiter ergeben, ist eine wichtige Zukunftsfrage der Systemischen Pädagogik.

Der Ansatz der Systemischen Pädagogik verbindet systemtheoretische Erkenntnisse, Sicht- und Handlungsweisen mit dem Forschungsstand und den Erkenntnissen der Erziehungswissenschaften und macht sie für den pädagogischen Alltag nutzbar. Auch im familiären Erziehungsalltag lässt sich systemisches Denken und Handeln gut nutzen, ohne Kinder zu disziplinieren oder ihnen mit Anpassungsforderungen zu begegnen. Selbstkritische und selbststeuerungsfähige Menschen benötigen sehr spezifische Möglichkeiten der Reifung und Auseinandersetzung beim Aufwachsen. Welche das sind und wie das gehen kann, zeigen anerkannte Therapeuten, Pädagogen und Berater in den Büchern dieser Reihe.

Prof. Dr. Dr. h. c. Rolf Arnold
Herausgeber der Reihe *Systemische Pädagogik*

Katharina Kolberg

Depressionen bei Schülerinnen und Schülern

Wahrnehmung – Kontakt – pädagogisches Handeln

2024

Themenreihe: »Systemische Pädagogik«
hrsg. von Rolf Anold
Reihengestaltung: Uwe Göbel
Umschlaggestaltung: Melanie Szeifert
Umschlagmotiv: © fotomowo – stock.adobe.com
Redaktion: Veronika Licher
Satz: Verlagsservice Hegele, Heiligkreuzsteinach
Printed in Germany
Druck und Bindung: CPI books GmbH, Leck

MIX
Papier | Fördert gute Waldnutzung
FSC® C083411
FSC www.fsc.org

CPI klimaneutral
Mehr Bäume. Weniger CO_2

Erste Auflage, 2024
ISBN 978-3-8497-0541-1 (Printausgabe)
ISBN 978-3-8497-8500-0 (ePUB)

Bibliografische Information der Deutschen Nationalbibliothek:
Die Deutsche Nationalbibliothek verzeichnet diese Publikation in der Deutschen Nationalbibliografie; detaillierte bibliografische Daten sind im Internet über http://dnb.d-nb.de abrufbar.

Informationen zu unserem gesamten Programm, unseren Autoren und zum Verlag finden Sie unter: **https://www.carl-auer.de/**.
Dort können Sie auch unseren Newsletter abonnieren.

Carl-Auer Verlag GmbH
Vangerowstraße 14 • 69115 Heidelberg
Tel. +49 6221 6438-0 • Fax +49 6221 6438-22
info@carl-auer.de

Inhalt

Geleitwort

Es ist mir eine große Ehre und Freude, ein Geleitwort zu diesem Buch zu schreiben, das sich einem Thema von immenser Bedeutung widmet: dem sensiblen und professionellen Umgang mit depressiven Schülerinnen und Schülern.

Aktuelle Statistiken zeigen eine besorgniserregende Zunahme psychischer Erkrankungen bei Kindern und Jugendlichen. Insbesondere während und nach der COVID-19-Pandemie wurden deutliche Steigerungen in der stationären Behandlung von Angststörungen, Essstörungen und Depressionen verzeichnet. Psychische Störungen und insbesondere die Zunahme von Depressionen zählen inzwischen sowohl in Deutschland als auch weltweit zu den häufigsten chronischen Erkrankungen bei Kindern und Jugendlichen.[1]

Laut der Stiftung Deutsche Depressionshilfe und Suizidprävention erkranken aktuell etwa 3 bis 10 % aller Jugendlichen im Alter zwischen 12 und 17 Jahren an einer Depression. Angesichts dieser erschreckenden Zahlen ist es nahezu unvermeidlich, dass Lehrkräfte im Verlauf ihres Berufslebens auf Schülerinnen und Schüler treffen, die mit dieser psychischen Erkrankung konfrontiert sind. Daher ist es für Lehrkräfte von entscheidender Bedeutung, grundlegende Kenntnisse über Depressionen, einschließlich ihrer Symptome, zu besitzen und zu wissen, wie sie den betroffenen Schülerinnen und Schülern professionell begegnen können.

Jedoch zeigt sich in der Praxis, dass Lehrkräfte in Bezug auf dieses Thema häufig nicht ausreichend vorbereitet sind. Weder in der Ausbildung noch in der Fortbildungsphase ist der Umgang mit psychischen Erkrankungen von Schülerinnen und Schülern curricular verankert. Das vorliegende Buch von Katharina Kolberg bietet hier eine fundierte und sehr praxisorientierte Grundlage für Lehrkräfte, aber auch für Ausbildende und Vorgesetzte, um junge Menschen mit psychischen Erkrankungen handlungssicher und kompetent begleiten zu können.

---

1 World Health Organization (2022): World mental health report: Transforming mental health for all. Geneva (World Health Organization). Verfügbar unter: https://www.who.int/publications/i/item/9789240049338 [4.4.2024].

Der besondere Mehrwert des Buches besteht dabei in den vielfältigen Praxiserfahrungen der Autorin und den konkreten Handlungsempfehlungen. Die Fähigkeit, depressive Verhaltensweisen frühzeitig wahrzunehmen, Kontakt zu anderen im System arbeitenden Personen und ggf. den Erziehungsberechtigten herzustellen und angemessen pädagogisch zu handeln, ist nicht nur für die betroffenen Schülerinnen und Schüler von unschätzbarem Wert, sondern kann maßgeblich zu einem positiveren Lern- und Arbeitsumfeld beitragen und damit auch die psychische Gesundheit von Lehrkräften schützen.

Ich lade Sie daher ein, dieses Buch als Wegweiser zu betrachten, der Ihnen helfen kann, ein unterstützendes, verständnisvolles und gesundes Umfeld für Ihre Schülerinnen und Schüler und damit auch für sich selbst zu schaffen.

Mit den besten Wünschen für eine bereichernde Leseerfahrung,

Prof. Dr. Kira Elena Weber
Universität Hamburg, Fakultät für Erziehungswissenschaft

Vorwort

Seit über zwei Jahrzehnten übe ich den Beruf der Lehrerin an Hamburger Schulen aus. In dieser langen Zeit habe ich miterlebt, wie sich der Schulalltag, die Schülerschaft und die Anforderungen an uns Lehrkräfte grundlegend gewandelt haben. Mit diesem Buch möchte ich einen Beitrag zu einem mir sehr am Herzen liegenden Thema leisten: dem pädagogischen Umgang mit Schülerinnen und Schülern, die unter Depressionen leiden.

Im Jahr 2001 wagte ich den Seiteneinstieg in den Lehrerberuf an einer beruflichen Schule, nachdem ich zuvor als Rechtsanwältin tätig war. Schon während meines Referendariats wurde ich zur Klassenlehrerin und hatte seitdem immer die Verantwortung für zwei bis drei Klassen. Um meine Schülerinnen und Schüler noch besser unterstützen zu können und mich beruflich weiterzuentwickeln, absolvierte ich eine systemische Coachingausbildung und arbeite seit 2006 als Lerncoach. In dieser Rolle hatte ich die Gelegenheit, Schülerinnen und Schüler außerhalb des Unterrichts in ihrer persönlichen Entwicklung zu begleiten. Im Laufe der Jahre führte ich Hunderte von Gesprächen mit Schülern ab dem vierzehnten Lebensjahr. Abseits von Noten und Bewertungen öffneten sich viele von ihnen und teilten ihre inneren Anliegen mit mir. Diese Gespräche bestätigten, was ich in verschiedenen Schulen beobachtete: Immer mehr Schülerinnen und Schüler leiden psychisch, fühlen sich überfordert, verunsichert und sind tief unglücklich.

Nicht nur Schülerinnen und Schüler waren auffällig von Niedergeschlagenheit betroffen, sondern auch viele meiner Kolleginnen und Kollegen gaben an, sich zunehmend überfordert zu fühlen. Einer der Gründe dafür war wiederum die steigende Anzahl psychisch herausfordernder Schülerinnen und Schüler. Besonders im Umgang mit depressiv auffälligen Schülern herrschte sowohl bei meinen Kolleginnen und Kollegen als auch bei mir große Unsicherheit darüber, wie wir ihnen begegnen sollten und welche Anforderungen an uns als Lehrkräfte gestellt würden. Um diesen Schülern gerecht zu werden, habe ich zahlreiche Fortbildungen absolviert, die Prüfung als Heilpraktikerin für Psychotherapie abgeschlossen sowie Weiterbildungen in kognitiver Verhaltenstherapie, Gesprächstherapie, ZRM *(Züricher*

Ressourcenmodell) und MBSR *(Mindfully-based Stress Reduction)* sowie schließlich einen Lehrgang zur Supervisorin. Ich erkannte immer deutlicher, dass viele unserer Schülerinnen und Schüler tatsächlich unter psychischen Erkrankungen leiden und wir Lehrkräfte nicht ausreichend darauf vorbereitet sind.

In Gesprächen mit meinen Kolleginnen und Kollegen wurde deutlich, dass wir alle täglich mit dem Thema psychischer Erkrankungen bei unseren Schülerinnen und Schülern konfrontiert sind. Doch es fehlt uns an einer klaren Herangehensweise. Wir neigen dazu, einzelne Schülerinnen und Schüler je nach unserer Beziehung zu ihnen, den Gelegenheiten oder spezifischen Vorfällen auf ihre psychischen Auffälligkeiten anzusprechen. Viele von uns scheuen jedoch den Umgang damit, da wir uns unsicher darüber sind, wie wir mit den Informationen aus solchen Gesprächen umgehen sollen und welche Auswirkungen sie auf unsere pädagogische Arbeit haben könnten. Dadurch erscheint der Umgang mit psychisch auffälligen Schülerinnen und Schülern oft willkürlich, was bei uns Kolleginnen und Kollegen Frustration hervorruft.

Ein ähnliches Dilemma erleben die Ausbilderinnen und Ausbilder im dualen System unserer Berufsschullehrgänge. Sie sehen sich vermehrt mit Auszubildenden konfrontiert, die nicht nur durch häufiges Fehlen im Berufsalltag auffallen, sondern auch durch eine geringere Arbeitsleistung, was wiederum zu zahlreichen Problemen in den Betrieben führt.

Da ich selbst täglich vor diesen Herausforderungen stand, entwickelte ich im Laufe meiner Weiterbildungen einen klaren Prozess für mich selbst. Ich wollte eine bewusste Entscheidung darüber treffen, wie ich mit den Wahrnehmungen in meinen Klassen und in meinen Beratungs-, Coachinggesprächen, in meinem Unterricht und in meinen Seminaren umgehe. Es sollte nicht mehr dem Zufall überlassen bleiben, welche Unterstützung meine Schülerinnen und Schüler von meinen Schulen erhielten. Parallel dazu begann ich als Seminarleiterin für das Landesinstitut für Lehrerbildung und Schulentwicklung junge Lehrerinnen und Lehrer im Vorbereitungsdienst auszubilden. Ich entwickelte die Idee, mein Konzept als Modul über vier Stunden anzubieten und den jungen Kolleginnen und Kollegen meine Vorgehensweise vorzustellen.

Das Modul war schnell ausgebucht, und die Teilnehmerinnen und Teilnehmer schätzten die klaren Handlungsempfehlungen. Infolgedessen wurde das Seminar auf acht Stunden ausgedehnt und ergänzt um einen Abschnitt, in dem gemeinsam darüber nachgedacht wurde, wie nicht nur einzelne Schülerinnen und Schüler im System effektiv unterstützt werden können, sondern auch, wie der Unterricht gestaltet werden sollte, um psychisch kranke Schüler angemessen zu fördern und gesunde Schüler vor schulbedingten Erkrankungen zu schützen.

Das Seminar erhielt positive Resonanz und die Anmeldungen übertrafen bei Weitem die verfügbaren Plätze. Auch in meinen Coaching- und Beratungsgesprächen wurde das Thema des Umgangs mit psychisch kranken Schülerinnen und Schülern, der Abgrenzung und des Erwartungsmanagements immer präsenter. Aus den Fragen, dem Wissen, den Ideen und Erfahrungen von Hunderten von Teilnehmenden verschiedener Schulformen ist nun dieses Buch entstanden. Es ist kein typisches wissenschaftliches Werk, sondern ein Buch einer Praktikerin für andere Praktikerinnen und Praktiker. Der Text spricht jegliche Lehrkräfte an, wobei darunter nicht nur die Lehrenden an allgemeinbildenden und beruflichen Schulen gemeint sind: Alle Ansätze lassen sich auch für verschiedenste andere Ausbildende und Vorgesetzte zum Beispiel in der Wirtschaft übertragen, die um eine professionelle Begleitung des ihnen anvertrauten Personals bemüht sind.

Dieses Buch präsentiert zum einen therapeutische Ansätze als Grundlage für eine innovative system- und lösungsorientierte Pädagogik. Es bietet zudem Informationen sowie zahlreiche Best-Practice-Beispiele und Formulierungsvorschläge für die Kommunikation mit unseren oft stark belasteten Schülerinnen und Schülern, Auszubildenden und Arbeitnehmerinnen oder Arbeitnehmern in Betrieben. Jede Zeile dieses Buches vermittelt das Verständnis dafür, wie anspruchsvoll und dynamisch unsere Stellung als Vorgesetzte ist. Mein größter Wunsch ist es, dass dieses Werk nicht nur dazu beiträgt, Sicherheit im Umgang mit von Depressionen Betroffenen zu gewinnen, sondern auch eine zunehmende Entlastung und größere Zufriedenheit im Arbeitsalltag für uns als Lehrkräfte und Ausbilder sowie Arbeitgeber ermöglicht.

Insbesondere Lehrerinnen und Lehrer werden ermutigt, ihr bestehendes pädagogisches Handeln zu reflektieren und neue Wege im Umgang mit einzelnen Schülerinnen und Schülern sowie ganzen Klassen zu gehen. Die Vermittlung meines Konzepts dient als

Leitfaden, um der wachsenden Herausforderung zunehmender Depressionen im schulischen Umfeld zu begegnen. Ich bin davon überzeugt, dass jeder, der zu diesem Buch greift, nur eines möchte: seine Schülerinnen und Schüler, seine ihm anvertrauten jungen Menschen bestmöglich unterstützen, damit sie ihren Weg ins Leben erfolgreich gehen können. Und dieser Erfolg bemisst sich immer mehr unabhängig von akademischen Leistungen.

Dr. Katharina Kolberg,
Hamburg, im April 2024

1 Depressionen im System Schule und Ausbildung

In Deutschland ist die Belastung durch Depressionen in den letzten Jahren erheblich gestiegen, was sich in Form von häufiger Arbeitsunfähigkeit und stationären Behandlungen zeigt. Die Depression hat ihre frühere Randstellung als stark stigmatisierte psychische Erkrankung hinter sich gelassen und ist zu einem gesellschaftlichen Anliegen geworden. Es wird geschätzt, dass etwa ein Fünftel der deutschen Bevölkerung im Laufe des Lebens die Kriterien für die Diagnose einer Depression erfüllen wird (vgl. Laux 2011). Das mittlere Erkrankungsalter liegt zwischen 25 und 35 Jahren (vgl. Bundespsychotherapeutenkammer 2023).

So stehen Depressionen in Deutschland als Ursache einer Frühberentung an erster Stelle und gehören zu den häufigsten Gründen für Krankschreibungen.

Trotzdem beträgt die Nichtbehandlungsquote immer noch 61 %. Das bedeutet, dass fast 40 % der Menschen, die an Depressionen leiden, überhaupt keine Behandlung für ihre Erkrankung erhalten. Besonders alarmierend ist die Tatsache, dass bis zu 15 % der Patienten mit schweren depressiven Störungen und mindestens einem vorherigen stationären Aufenthalt durch Suizid sterben (vgl. Laux 2011).

Auch unsere Schüler[2] sind von Depressionen betroffen, und allzu oft tragen schulische Umstände dazu bei, Depressionen bei Schülern auszulösen oder zu verschlimmern.

Das Bildungssystem steht hier vor einer erheblichen Herausforderung. Schulen müssen ihre Verantwortung gegenüber den Schülern wahrnehmen. Doch wo liegen die Grenzen? Was sollten Lehrer tun und vor allem, was können sie tun? Dieses Buch ist in zweierlei Hinsicht von Bedeutung: In erster Linie soll es Lehrern dabei helfen, Schüler, die an Depressionen leiden, bestmöglich zu unterstützen. In zweiter Linie soll es Lehrern mehr Handlungssicherheit geben, da

2 Personen- und Berufsbezeichnungen sind der besseren Lesbarkeit halber im Folgenden im generischen Maskulinum oder einer geschlechtsneutralen Form gehalten, stehen aber selbstverständlich gleichwertig für alle Geschlechter.

der Umgang mit depressiven Schülern auch eine erhebliche Belastung darstellen und in frustrierender Weise überfordern kann.

1.1 Lehrer zwischen Unterricht, Beratung, Erziehung und Therapie?

Unsere Schulen sind komplexe Einrichtungen, in denen viele Akteure miteinander interagieren. Lehrer sind Schlüsselfiguren in diesem System; sie haben die Aufgabe, ihre Schüler umfassend zu bilden sowie ihre Entwicklung zu begleiten.

Um dieser Aufgabe gerecht zu werden, müssen Lehrkräfte systemisch denken. Das bedeutet, dass sie die verschiedenen Teile des Bildungssystems als miteinander verbunden und voneinander abhängig anerkennen. Ein Schüler bewegt sich im Bildungssystem, im Familiensystem, im sozialen System seiner Peergroup, aber auch Klassen und Kurse wie zahlreiche häusliche Systeme, zum Beispiel im Umgang mit Hobbys oder weiteren Interessen, sind von Bedeutung.

Von Lehrern wird erwartet, dass sie innerhalb dieser unterschiedlichen Systeme verschiedene Rollen übernehmen. Ihre Aufgaben beschränken sich längst nicht mehr nur auf die Vermittlung von Fachwissen. In den letzten Jahren hat die Entwicklung sozialer und emotionaler Fähigkeiten enorm an Bedeutung gewonnen.

Dabei ist schon die Wissensvermittlung allein bereits ein komplexes Aufgabengebiet. Neben der Planung und Organisation des Unterrichts, der Bewertung des Lernfortschritts und dem Umgang mit technologischen Neuerungen sehen sich Lehrkräfte mit großen Herausforderungen konfrontiert, die durch die zunehmende Vielfalt der Schülerschaft und die Forderung nach inklusiver Bildung entstehen.

Lehrer befinden sich in einem Spannungsfeld zwischen der Schule als einer Institution, die Chancen eröffnet, aber auch Zugänge beschränken kann, und dem Anspruch, die Schüler in ihrer Individualität zu fördern. Dieser Balanceakt ist nicht nur anspruchsvoll für die Lehrer, sondern kann auch äußerst frustrierend sein, da sie stets zwischen den Anforderungen der Institution und dem individuellen Bedarf der Schüler jonglieren müssen.

Der zweite Bereich, die Förderung sozialer und emotionaler Kompetenzen, erfordert ein anderes Verständnis der Lehrerrolle. Hier agieren Lehrer als Erzieher und Berater.

Inzwischen wird in diesem Bereich weniger vom Erziehen und Beraten gesprochen, die Lehrkräfte werden eher als Coaches und Trainer betrachtet.

Nach der Studie *Lehrerarbeit im Wandel* (vgl. Deutscher Philologenverband e. V. 2024) empfinden 9 von 10 Lehrkräften an Gymnasien ihr hohes Arbeitspensum als sehr belastend. Neben Entlastungen durch Senkung der Regelstunden und Stärkung im Umgang mit verhaltensauffälligen Schülern wird sich insbesondere auch mehr professionelle externe Unterstützung durch Schulpsychologen gewünscht. Auch in meinen Beratungsgesprächen nehme ich oft die Frustration der Lehrer wahr, dass die reine Wissensvermittlung in einigen Schulformen zunehmend in den Hintergrund tritt und vorab die Schaffung eines förderlichen Lernumfelds im Vordergrund steht. Kurz gesagt: Bevor Inhalte vermittelt werden können, muss erstmal viel Kraft verwandt werden, um eine Arbeitsatmosphäre in den Klassen und eine Arbeitsbereitschaft bei einzelnen Schülern herzustellen.

Besonders große Unsicherheit und fehlende Klarheit über die eigene Rolle bestehen, wenn es um den Umgang mit psychisch erkrankten Schülern geht. Schon im Vorfeld meiner Fortbildungen erhielt ich Nachrichten von angemeldeten Teilnehmern, die sich besondere Inhalte in meinen Seminaren zum pädagogischen Umgang mit depressiven Schülern erhofften und mir Anliegen mitteilten wie:

»Ich bin selbst überlastet und überfordert und weiß nicht, was ich hier noch leisten muss.«

»Ich möchte helfen und weiß nicht, wie.«

»Ich bin so verunsichert und behandele meine Schüler jeden Tag anders.«

»Ich gehe wie auf Eierschalen und habe ständig Angst, etwas Falsches zu sagen.«

»Ich möchte erkennen, ob ein Schüler depressiv ist.«

»Ich möchte nicht schuld sein, dass Schüler depressiv werden.«

»Ich will mich selbst schützen und fühle mich hilflos.«

»Ich weiß nicht, für was ich überhaupt verantwortlich bin.«

»Ich will die Schüler weiterverweisen und weiß nicht, an wen.«

Ein Anliegen möchte ich herausheben, da es mich besonders berührt hat:

»Ich bin Mathelehrer und habe das Gefühl, dass mein Unterricht und insbesondere die Bewertungen die Schüler krank machen. Was kann ich tun?«

Lehrer sind keine Therapeuten. Dennoch, wie Sie später feststellen werden, gibt es erhebliche Schnittmengen zwischen pädagogischen Ansätzen und therapeutischen Methoden. Eine klare professionelle Abgrenzung zu wahren und die Rolle als Pädagoge zu definieren, kann für Lehrer eine Herausforderung darstellen.

Mit dem Begriff »Abgrenzung« meine ich hier nicht, dass Lehrer sich gegen etwas wehren oder öfter »Nein« sagen sollten. Vielmehr geht es darum, eine klare Vorstellung von ihrer Rolle zu entwickeln und die Grenzen ihrer professionellen Tätigkeit zu verstehen. Es geht darum, »Ja« zur eigenen Rolle zu sagen und zu dem Rahmen, den sie als Lehrer professionell ausfüllen können und möchten. Es bedeutet, »Ja« zu den Möglichkeiten der pädagogischen Begleitung und des Beistands zu sagen. Es bedeutet auch ein klares »Ja« zu einem gemeinsamen Weg mit den Schülern, die dringend professionelle pädagogische Unterstützung benötigen. Ein Schüler ist Teil eines komplexen Systems. Selbst als gute Pädagogen können wir niemals wirkungssicher intervenieren.[3] Und doch wollen wir einen Handlungskorridor für uns definieren, um Handlungssicherheit im Umgang mit depressiv erscheinenden Schülern zu finden.

1.2 Folgen für die Lehrer

Die zunehmenden Probleme der Schüler stellen für Lehrer auch persönlich eine zusätzliche Belastung dar: Wenn Lehrer sich machtlos in Anbetracht der Depression ihrer Schüler fühlen, entwickeln sie oft selbst Schuldgefühle oder werden frustriert. Eine solche Überforderung kann das Risiko für psychische Erkrankungen auch bei den Lehrern selbst erhöhen (vgl. Staeck 2015). Es gibt Hinweise darauf, dass bei bis zu einem Drittel aller Lehrkräfte Anzeichen für ein Burn-out oder zumindest einige Burn-out-Symptome vorhanden sind. Ein Burn-out wird als eine Art Erschöpfungsdepression betrachtet und erhöht das Risiko, psychische oder körperliche Folgeerkrankungen

3 Zur Relativierung des Wirkungsversprechens von Beratung und Psychotherapie vgl. Arnold (2018).

zu entwickeln. Es liegt nahe zu vermuten, dass Lehrer eine besonders gefährdete Berufsgruppe sind. Dies wird durch die vergleichsweise niedrige Anzahl von Lehrern, die das reguläre Rentenalter erreichen, gestützt (vgl. Schiele 2019).[4] Daher ist es für Lehrer von großer Bedeutung, sowohl zu erkennen, wie sie psychisch erkrankte Schüler professionell pädagogisch begleiten können, als auch gleichzeitig zu wissen, wann es notwendig ist, Aufgaben an andere Fachkräfte zu übertragen.

1.3 Was ist eine Depression?

Unter einer Depression (von lateinisch *deprimere* = niederdrücken) wird in unserer Gesellschaft eine Störung der Affekte mit einer niedergedrückten Stimmungslage verstanden (siehe Ruf 2022, S. 11).

Schlechte Stimmungen und Ängste gehören sicherlich zum menschlichen Leben. Als Nichtfachleute ist es jedoch oft schwierig zu beurteilen, was noch als gesund angesehen werden kann. Aus diesem Grund gibt es das Diagnosemanual der ICD (Abk. für engl.: *International Classification of Diseases*), auf das in Abschnitt 2.1.7 genauer eingegangen wird. Mit der ICD können verschiedene Ausdrucksformen von gedrückter Stimmung im Krankheitswert eingeordnet werden. In unserer Gesellschaft hat sich deren Nutzung etabliert und ermöglicht legale und akzeptierte Wege, um sich von den Belastungen des Leistungsdrucks eine Auszeit und Erholung zu verschaffen. In Abschnitt 1.8 wird ein prozesshaftes Vorgehen für Lehrer beschrieben, das ihnen Sicherheit im Umgang mit Schülern, die niedergeschlagen wirken, vermitteln kann.

1.4 Wie entsteht eine Depression?

Es ist in der Regel nicht möglich, eine Depression auf eine einzelne Ursache zurückzuführen. Sie entwickelt sich vielmehr aus einem komplexen Zusammenspiel verschiedener Einflussfaktoren. Einerseits gibt es Risikofaktoren, die das Auftreten von Depressionen wahrscheinlicher machen können. Andererseits gibt es aktuelle Aus-

4 Zu Depressionen bei Lehrern siehe Bangert (2002).

löser, die bei Menschen mit einer entsprechenden Veranlagung Depressionen begünstigen können. Oft wird die Frage gestellt, ob die Depression eine »seelische« Erkrankung sei. Ähnlich wie bei einer Münze können wir bei jeder Person, die an einer depressiven Erkrankung leidet, zwei Aspekte in Betracht ziehen: die psychosoziale Komponente und die neurobiologische Ebene (vgl. Stiftung Deutsche Depressionshilfe und Suizidprävention 2021).

1.4.1 Psychosoziale Ursachen

Die psychosoziale Situation umfasst das gesamte Umfeld, unser Verhalten, unsere Lebenserfahrungen und die Beziehungen zu Mitmenschen. Unterschiedliche Ereignisse in frühen Lebensphasen können das Risiko, später an Depressionen zu erkranken, erhöhen. In der Psychologie werden Begriffe wie Vulnerabilität,[5] Anfälligkeit oder erworbene Veranlagung gebraucht. Als typische Risikofaktoren werden die folgenden genannt:

- belastende Lebensereignisse (z. B. Opfer von Gewalt, Tod von Angehörigen, zwischenmenschliche Konflikte)
- negative Kindheitserlebnisse wie Vernachlässigung oder sexualisierte Gewalt
- Einsamkeit
- Depression bei nahen Verwandten
- Vorliegen einer weiteren Störung, wie Angststörung oder Substanzabhängigkeit
- weibliches Geschlecht.

Besonders im Zentrum der Aufmerksamkeit der Öffentlichkeit steht seit einigen Jahren auch das Auftreten von Depressionen im Zusammenhang mit Fragen der Transgeschlechtlichkeit. Dass eine entsprechende Geschlechtsentwicklung und psychische Erkrankungen, insbesondere Depressionen, häufig parallel auftreten, ist erwiesen; noch umstritten ist der genaue Wirkungszusammenhang (etwa: reagieren transgeschlechtliche Jugendliche depressiv auf eine als feindlich wahrgenommene Umwelt – oder erscheint ein Wechsel in eine andere Geschlechtsidentität für Jugendliche u. U. als ersehnter Ausweg aus einer Depression?)[6].

5 Was so viel bedeutet wie: Verletzlichkeit.
6 Siehe Carl u. Kolb (2023), S. 155–159 u. 175–176.

Aber auch positive Lebensveränderungen (ein Urlaubsantritt, eine neue Beziehung oder eine bestandene Prüfung beispielsweise) können Auslöser einer depressiven Episode sein. Diese können aber auch ganz ohne erkennbare äußere Auslöser auftreten (vgl. Stiftung Deutsche Depressionshilfe und Suizidprävention 2021).

1.4.2 Körperliche Ursachen

Neben psychosozialen Auslösern lassen sich auch körperliche Ursachen für das Entstehen einer Depression festmachen. Hier sind insbesondere zu nennen:

- Schilddrüsenunterfunktion
- Nebenwirkungen von Medikamenten
- Überdosierung oder Entzug von Substanzen
- Autoimmunerkrankungen
- Vitamin-B12-Mangel
- mangelndes Tageslicht in den Wintermonaten
- Substanzmittelmissbrauch.

Diese Risikofaktoren können zu Funktionsbeeinträchtigungen im Gehirn beitragen. Dabei nimmt der Substanzmittelmissbrauch bei unseren Schülern eine herausragende Stellung ein. Während sich im letzten Jahrhundert neben Alkohol und Tabak Drogen wie Cannabis (Marihuana) und Amphetamine (z. B. Ecstasy, MDMA oder Speed) etabliert haben, ist inzwischen auch der Konsum von Kokain und Crack, Heroin, Halluzinogenen (z. B. LSD, Pilzen), Benzodiazepinen (z. B. Valium, Xanax) und weiteren synthetischen Drogen wie Ketamin, Codein, Fentanyl und Lachgas weiter auf dem Vormarsch.

Insbesondere der Mischkonsum von Substanzen ist mindestens mitverantwortlich für das Entstehen und Aufrechterhalten von Depressionen und anderen psychischen Erkrankungen.

Aus Sicht der Experten aus der Suchtmedizin in Deutschland wurden in einer Studie aus dem Jahr 2020 Mediziner, die durchschnittlich 15 Jahre Erfahrung in der Behandlung von Suchtkranken aufwiesen, aufgefordert, ein Ranking zu den schädlichsten Drogen zu erstellen. Die ersten drei Plätze auf der Schädlichkeitsskala belegen die illegalen Drogen Crack, Methamphetamin und Heroin. Bereits auf Platz vier liegt der Alkohol. Die Autoren erklären, dass sie zu dem Ergebnis gekommen sind, dass Alkohol nicht nur für den Einzelnen, sondern auch für die Gesellschaft sehr schädlich ist. Dies sei vor allem auf die starke Verbreitung des Alkoholkonsums in der Bevölkerung zurückzuführen. Im Unterschied zu anderen Drogen, die als weniger gefährlich eingestuft werden, unterliege Alkohol jedoch nicht dem Betäubungsmittelgesetz[7] und ist unabhängig von Häufigkeit und Menge des Konsums als gesellschaftliches Genussmittel anerkannt. Es gibt andere Substanzen, die zu therapeutischen Zwecken erprobt bzw. bereits erfolgreich verwendet werden. Abseits des schädlichen Missbrauchs wird Ketamin zum Beispiel in der medikamentösen Behandlung von Depressionen eingesetzt (vgl. Ohler u. Revenstorf 2022). Es gibt vielversprechende Forschungen und Diskussionen über den therapeutischen Einsatz von MDMA,[8] Psilocybin (aus der Gruppe der Tryptamine) und anderen psychoaktiven Substanzen in psychotherapeutischen Prozessen.[9] Wie so oft ist entscheidend, wie diese Substanzen angewendet und therapeutisch begleitet werden.

1.5 Das depressive Gehirn

Das Gehirn arbeitet in einem komplexen Zusammenspiel verschiedener Botenstoffe. Ein prominenter Akteur, der mit depressiven Störungen in Zusammenhang steht, ist das Serotonin. Der Botenstoff Serotonin sorgt für psychisches Wohlbefinden und beeinflusst unter anderem den Appetit, den Sexualtrieb, die allgemeine Zufriedenheit und den Schlaf-Wach-Rhythmus. Es wird vermutet, dass bei Depressionen oftmals die Konzentration dieses Neurotransmitters eingeschränkt ist. Die meisten Antidepressiva setzen hier an und hemmen die Wiederaufnahme von Serotonin in die Zellen, sodass der Serotoninspiegel im synaptischen Spalt auf ein höheres Niveau angehoben wird (siehe dazu Abb. 1).

Die Vorstellung, dass Depressionen ausschließlich auf einen simplen Serotoninmangel zurückzuführen sind, ist jedoch zu vereinfachend. Bei einer Depression ist vermutlich auch die Informationsübertragung bestimmter Gehirnareale beeinträchtigt. Antidepressiva unterstützen deren Informationsverarbeitung. Die genauen

7 Näheres dazu auf der Aufklärungsseite in Bezug auf Drogen: www.drugcom.de [22.4.2024].
8 Eine weltweit verbreitete Partydroge aus der Gruppe der Methylendioxyamphetamine (Anm. d. Red.).
9 Interessant dazu auch Vollenweider (2023).

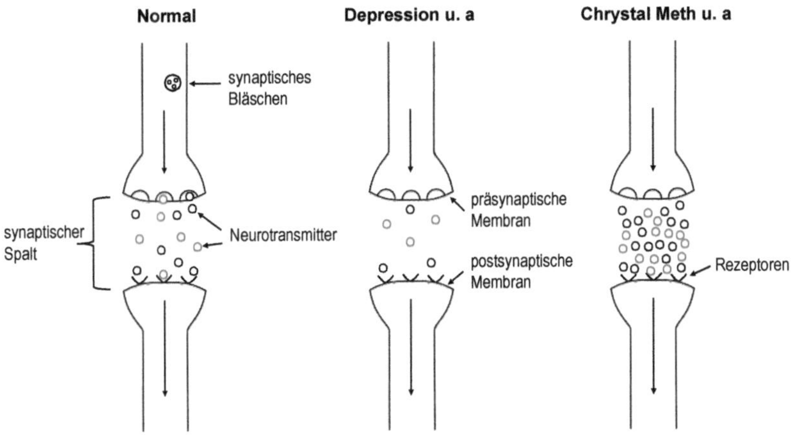

Abb. 1: Die Bedeutung der Botenstoffe im synaptischen Spalt

Funktionsstörungen der Botenstoffe und anderer neurobiologischer Prozesse bei Depressionen sowie der Wirkmechanismus von Antidepressiva sind bisher noch nicht umfassend verstanden und Gegenstand intensiver Forschung.

Fest steht: Alkohol- und Drogenmissbrauch können zwar kurzzeitig psychisch entlastend wirken, fördern letztendlich jedoch Depressionen.

1.6 Geschlechtsspezifische Unterschiede

Tatsächlich sind Mädchen doppelt so häufig von psychischen Erkrankungen wie Depressionen und anderen Anpassungsstörungen betroffen. Neben diesem geschlechtsspezifischen Unterschied ist in der Grafik einer Krankenkasse (vgl. Abb. 2) eine zweite Auffälligkeit abzulesen. Ich finde es sehr interessant, in welchem Alter bei Jugendlichen vermehrt psychische Erkrankungen diagnostiziert werden. Der Spitzenwert fällt bei etwa 10 Jahren auf, was genau dem Zeitpunkt des Übergangs von der Grundschule zur weiterführenden Schule entspricht. Zu diesem Zeitpunkt ist die Belastung bei Jungen ähnlich hoch wie bei Mädchen. Ab der weiterführenden Schule entwickeln sich die Diagnosezahlen umgekehrt proportional. Wenn man das Alter betrachtet, lässt sich ein Zusammenhang mit dem Eintritt in die Pubertät feststellen. Während die Zahlen bei den Mädchen zunächst weiter ansteigen, sind sie bei den Jungen stark rückläufig. Eine Frage des Hormonhaushalts? Hilft das Testosteron den Jungen bei der Bewältigung schwieriger Situationen? Die Daten zeigen den Höhepunkt der Diagnosestellungen bei Mädchen mit etwa 17 Jahren. Dieses Alter markiert den Übergang von der Schule in den Beruf (siehe Abb. 2). Wie ich aus meiner Praxis weiß, ein zutiefst verunsichernder Abschnitt im Leben junger Menschen.

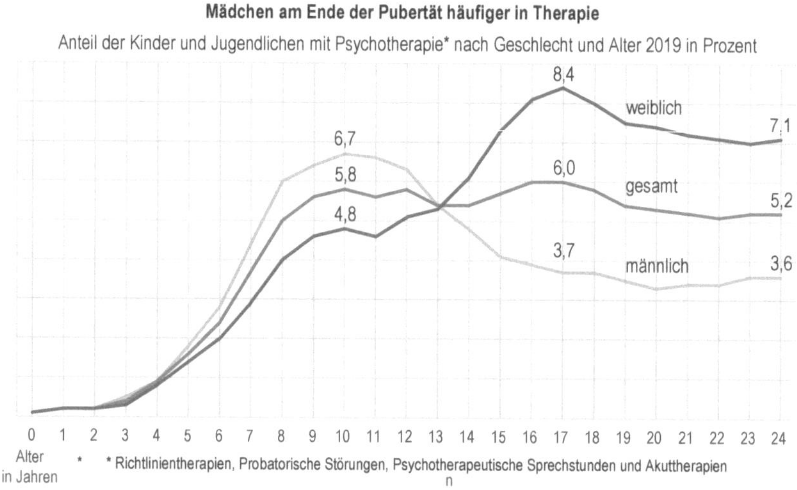

Abb. 2: Geschlechtsspezifische Unterschiede bezüglich der Therapiebedürftigkeit von psychischen Erkrankungen (Barmer 2021, S. 137)

1.7 Steigende Zahlen bei Jugendlichen

Immer mehr Kinder und Jugendliche in Deutschland sind in psychotherapeutischer Behandlung. Innerhalb von elf Jahren, von 2008 bis 2019, hat sich die Zahl der jungen Patientinnen und Patienten mehr als verdoppelt. Die Inanspruchnahme ärztlicher und therapeutischer Hilfe ist regional teilweise um bis zu 239 Prozent gestiegen (siehe Barmer 2021, S. 6)! Die Coronapandemie in den letzten Jahren hat die Situation weiter verschärft.

Die steigenden Zahlen von Jugendlichen, die an Depressionen leiden, lassen sich auf eine Vielzahl gesellschaftlicher Entwicklungen zurückführen. Zum einen gibt es eine größere Offenheit und weniger Stigmatisierung im Umgang mit psychischen Problemen. Dies hat dazu geführt, dass mehr Jugendliche über ihre Erkrankung sprechen, Hilfe suchen und früher diagnostiziert werden. Dennoch reicht diese größere Offenheit allein nicht aus, um die hohe Anzahl von Schülern zu erklären, die uns Lehrern im Klassenzimmer auffallen.

Jugendliche stehen heutzutage vermehrt unter hohem Druck, der sich in verschiedenen Lebensbereichen aufbaut. Zum einen empfinden viele die schulischen Anforderungen als übermäßig hoch und stressig. Es ist eine offene Frage, ob die schulischen Anforderungen tatsächlich gestiegen sind oder ob einfach mehr Kinder und Jugendliche Schulformen besuchen, zu denen sie früher keinen Zugang hatten; ein kontrovers diskutiertes Thema nicht nur in den Lehrerzimmern. Was feststeht, ist, dass Schüler zunehmend gestresst sind – sei es durch die Schule, den Prüfungsdruck oder die Erwartungen von Eltern und Familien.

Die intensive Nutzung von sozialen Medien beeinflusst zudem das Sozialverhalten. Jugendliche vergleichen sich mit den scheinbar idealen Bildern anderer; dies kann sich aufs Selbstwertgefühl auswirken. Der Kinder- und Jugendlichentherapeut Dr. Ahmed El-Kordi erklärt (siehe von der Goltz 2024), dass die ständige Nutzung von Apps wie TikTok der perfekte Nährboden für psychische Störungen sei, da sie zu einer Störung der Affekt- und Emotionskontrolle führen könne. Das limbische System Jugendlicher habe noch nicht die Fähigkeit, Belohnungen aufzuschieben und negative Affekte auszuhalten und entwickele so eine Gewöhnung an solche Medien. Junge Menschen lernen dann nicht, ihre Gefühle selbst zu regulieren und zu beeinflussen. Obwohl soziale Medien wie Snapchat und Instagram die Möglichkeit bieten, online Verbindungen zu knüpfen und in Kontakt zu bleiben, können sie auch dazu führen, dass sich Jugendliche isoliert fühlen. Tatsächliche soziale Interaktionen »im realen Leben« sind zurückgegangen, und Mobbing im digitalen Raum hat zugenommen.

Die Zeit der Isolation und sozialen Distanzierung sowie des Fernunterrichts aufgrund der COVID-19-Pandemie hat zweifellos ebenfalls starken Einfluss auf die steigende Zahl von Depressionen genommen. Als Lehrer haben wir erlebt, wie glücklich die Schüler waren, als sie nach Wochen der Isolation endlich wieder gemeinsam in der Schule sein konnten. Die leuchtenden Augen der Schüler am Morgen zeigten, wie sehr sie die persönliche Ansprache und die Anwesenheit von Freunden vermisst hatten.

Zudem haben die weiteren seit der Coronapandemie aufgetretenen Krisen, der dadurch ausgelöste Stress und die Angst eine fatale Wirkung auf die Familien gehabt. Fast jede Familie war von Krankheit betroffen und musste mit wirtschaftlicher Unsicherheit und dem Verlust gewohnter Strukturen umgehen. Diese Belastungen haben sich direkt auf das Zusammenleben in den Familien ausgewirkt und somit auch auf die Schüler.

Ein weiterer trauriger und sich in den letzten Jahren verstärkender Faktor sind nicht nur familiäre Probleme, sondern auch traumatische Erfahrungen durch Krieg und Flucht, von denen inzwischen viele junge Menschen in unserem Schulsystem betroffen sind. Die Arbeit in den sogenannten Migrations- und Ukraine-Klassen stellt an die eingesetzten Kollegen ganz besondere Anforderungen.

1.8 Entlastung durch Entscheidung – das Dreischritt-Konzept

Lehrer und Ausbilder arbeiten eng mit den Schülern zusammen. Sie verbringen viele Stunden mit ihnen im Unterricht und haben physischen Kontakt. Aufgrund dieser Nähe und kontinuierlichen Begleitung können sie oft leichter als andere erkennen, wenn ein Kind plötzlich demotiviert ist oder sich in anderer Weise auffällig verändert.

Wenn sie Veränderungen bemerken, sollten sie das Gespräch mit dem betroffenen Schüler suchen, aber auch mit den Eltern, im Kollegium oder mit der Schulleitung reden. Auf diese Weise können sie Gefährdungssituationen frühzeitig erkennen und den Weg zu Beratung und Unterstützung ebnen.

Die Herausforderung besteht jedoch darin, dass Lehrkräfte nicht speziell dafür ausgebildet sind, psychische Erkrankungen bei Schülern zu erkennen. Oft trauen Lehrer sich nicht und wissen nicht, ob und wie sie Schüler mit psychischen Problemen ansprechen sollen. Leider beschränkt sich die Wahrnehmung meist auf die Demotivation und andere unspezifische Auffälligkeiten. Die Wahrnehmung allein steht wie ein Elefant im Raum – präsent, aber es fehlt an einer Strategie für den Umgang damit.

Dieses Buch soll helfen, eine klare pädagogische Herangehensweise zu entwickeln und zu erkennen, wann Lehrkräfte genug getan haben. Im Folgenden gebe ich Ihnen einen Überblick über die Inhalte des dreischrittigen Konzepts.

Schritt 1: Wahrnehmung schärfen

- Sensibilisierung für die Erkennung depressiver Symptome bei Schülern
- Verwendung von Fachbegriffen zur präzisen Beschreibung des Schülerverhaltens

Schritt 2: Kontakt aufnehmen

- Best Practices zur Herstellung von Kontakten im Unterstützungssystem der Schule
- Leitfaden für die Initiierung und Führung von Gesprächen mit betroffenen Schülern
- Bereitstellung professioneller Unterstützung für die Schüler

Schritt 3: Pädagogisch handeln

- Reflexion des Unterrichts und Schulalltags im Hinblick auf die Bedürfnisse depressiver Schüler
- Strategien zur Gestaltung eines unterstützenden Unterrichtsumfelds für depressive Schüler
- Maßnahmen zur Prävention von Depressionen bei gesunden Schülern

Das Dreischritt-Konzept bietet Ihnen wertvolle Werkzeuge, um die schulische Umgebung für depressive Schüler zu verbessern. Indem Sie Ihren Unterricht für depressive Schüler optimieren, fördern Sie gleichzeitig die psychische Gesundheit aller anderen Schüler – und Ihre eigene.

Dies mag zunächst wie eine enorme Aufgabe erscheinen. Die Entscheidung für ein bestimmtes Vorgehen bringt jedoch sofortige Erleichterung. Es wird klar, welche Verantwortung wir als Lehrer tragen und welche nicht. Wenn ein Problem benannt ist und entschieden worden ist, wie damit umgegangen werden soll, nimmt die Belastung ab. Das Problem wird nicht mehr als diffus und überwältigend empfunden, sondern als etwas Steuerbares. Aus dem wiedergewonnenen Gefühl der Selbstwirksamkeit entsteht oft die Motivation, wirklich dranzubleiben und die beschlossene Maßnahme umzusetzen. Entscheidungsträger fühlen sich kompetent, handlungsfähig und motiviert.

Daher lade ich Sie ein, dieses Buch in diesem Sinne zu nutzen. Ich fordere Sie von Zeit zu Zeit auf, während der Lektüre Ihre eigenen Anliegen im Hinblick auf die Unterstützung Ihrer als depressiv vermuteten Schüler zu klären. Beginnen Sie mit einer kurzen Reflexionspause.

Reflexionspause:

Woran würden Sie merken, dass sich die Lektüre dieses Buches für Sie gelohnt hat?

2 Das Dreischritt-Konzept

2.1 Wahrnehmung schärfen

Im ersten Schritt des Dreischritt-Konzeptes geht es um die Wahrnehmung. In Abschnitt 2.1.8 lernen Sie Ihre Eindrücke von psychisch auffälligen Schülern zu differenzieren und im Hinblick auf Symptome einer möglichen Depression auszuweiten.

2.1.1 Eindrücke der Lehrer

Die meisten Lehrer zeichnen sich durch ein ausgeprägtes Einfühlungsvermögen aus. Sie agieren in einem Klassenraum, in dem sie sich um 23 oder sogar noch mehr Schüler kümmern. Neben ihrer eigentlichen Unterrichtstätigkeit und der fachlichen Beurteilung der Schüler nehmen sie auch deren Persönlichkeit und Entwicklung im Verlauf von Monaten und Jahren wahr.

Oftmals manifestieren sich bestimmte Anzeichen, die die Lehrkräfte nachdenklich stimmen und sie dazu bewegen, sich zu fragen: Ist das noch im Rahmen des Normalen oder leidet der Schüler möglicherweise an einer psychischen Erkrankung wie beispielsweise einer Depression? Meistens ist es nicht bloß eine konkrete Auffälligkeit, sondern die Lehrer haben ein vages Gefühl, dass es dem Schüler »psychisch nicht gut geht«. Auf die Frage an die Kollegen, was genau sie wahrnehmen, folgt oft ein Ringen um die richtigen Worte und Beschreibungen, wie zum Beispiel:

»Der Schüler guckt (irgendwie) traurig.«

»Der Schüler wirkt (irgendwie) apathisch.«

»Der Schüler ist in den Leistungen stark eingebrochen.«

»Der Schüler schläft im Unterricht ein.«

»Der Schüler hat ungewöhnliche Muster des Absentismus.«

»Der Schüler integriert sich nicht in die Klassengemeinschaft.«

»Der Schüler ist aggressiv.«

»Der Schüler rennt im Unterricht plötzlich raus.«

2.1.2 Schilderung der Wahrnehmung von Betroffenen

Nicht nur Lehrer haben Schwierigkeiten, genau zu benennen, warum sie einen Schüler als auffällig wahrnehmen. Auch Betroffenen fällt es bei psychischen Erkrankungen viel schwerer als bei körperlichen Problemen, ihre Symptome zu benennen. Eine typische Schilderung einer Betroffenen ist:

> *»(…) Mir geht's schlecht. Seit einigen Wochen hab ich ›schlechte Laune‹, wie es mein Umfeld nennt. Ich habe keine Lust auf irgendwas, gestern wollte ich z. B. mit Freunden tanzen gehen, was ich sonst so gerne tue, um halb zwölf hab ich dann abgesagt und bin ins Bett gegangen.*
>
> *Ich habe vor schlechten Gedanken ständig Kopfschmerzen und würde deswegen am liebsten die ganze Zeit nur schlafen. Aber ich kann nicht schlafen. Ich schlafe über den Tag immer wieder ein bis zwei Stunden, wache dann auf, habe Kopfschmerzen, schlucke zwei Aspirin und hänge dann rum. (…)«*[10]

Wenn Schüler ihren Leidensdruck selbst klar einordnen und benennen können, ist die Überforderung nicht minder. Auch Folgendes hören Lehrer in Einzelgesprächen:

> *»Ich glaube, ich habe eine Depression.«*
>
> *»Ich habe schon darüber nachgedacht, mich umzubringen.«*

In solchen Augenblicken sind die Lehrer gezwungen, unmittelbar zu reagieren. Darauf sind sie zu keinem Zeitpunkt ihrer Ausbildung vorbereitet worden.

2.1.3 Verarbeitung der eigenen Wahrnehmungen

Um unsere Eindrücke aus dem Schulalltag besser verarbeiten zu können, braucht es eine Auseinandersetzung mit den fachsprachlichen Begrifflichkeiten. Sie dienen zur Beschreibung der aufgeführten Symptome, anhand derer ein Arzt eine Depression diagnostizieren kann. Um ein besseres Verständnis für die relevanten Symptome zu entwickeln und sie leichter in den eigenen Sprachgebrauch integrieren zu können, werden sie im Folgenden erläutert. Im Anschluss daran stelle ich sechs kurze Fallbeispiele von Schülern vor. Durch deren Betrachtung lässt sich die professionelle Wahrnehmung schärfen, indem die Symptome mit den für Ärzte und psychologische Psycho-

---

10 Schilderung einer Betroffenen mit dem Namen Charis in Müller-Rörich et al. (2013), S. 8.

therapeuten relevanten Diagnosekriterien von ICD-10 (vgl. Dilling u. Freyberger 2016) oder ICD-11, den Diagnosehandbüchern, abgeglichen werden.[11]

2.1.4 Entlastung durch Einordnung

Das Dreischritt-Konzept strebt danach, Ihre Handlungsfähigkeit im Umgang mit depressiven Schülern zu stärken. Es setzt bei der Reflexion Ihres eigenen Unterrichtsalltags an. Hierbei ist es entscheidend, eine präzise Analyse dessen durchzuführen, was Sie an einzelnen Verhaltensweisen, körperlichen Befindlichkeiten und Interaktionen wahrnehmen, wenn Sie das Gefühl haben, dass etwas bei einem Schüler »nicht in Ordnung« ist.

Die Verbesserung Ihrer Sprachkompetenz ermöglicht es Ihnen, genau zu formulieren, was Sie im Verhalten Ihrer Schüler im Klassenzimmer beobachten. Indem Sie Ihre Eindrücke benennen, können Sie nicht nur Ihre Wahrnehmung professionalisieren, sondern auch selbst besser verstehen, was vor sich geht. Das Ausdrücken Ihrer Beobachtungen ermöglicht es, diese von einer rein emotionalen Ebene auf die Handlungsebene zu übertragen. Auf diese Weise können Schüler und weitere Personen, die sie unterstützen, wie z. B. Eltern, Ärzte und Therapeuten, besser darauf reagieren. Kurz gesagt: Die Benennung ist entscheidend, damit Sie sich als Lehrer von den Eindrücken im Klassenzimmer zu distanzieren vermögen und die Verantwortung für den Umgang damit gezielt an andere Personen übertragen können.

2.1.5 Grundlagen der Diagnose

Die Diagnose (altgriechisch: Erkenntnis, Urteil), wie sie Ärzte vollziehen, bezeichnet die Bewertung eines Sachverhalts und das Zuordnen von Phänomenen zu einem Klassifikationssystem. Wahrnehmungen werden von ihnen fachlich-medizinisch eingeordnet. Wichtig: Lehrer sind keine Ärzte und sie sollen auch ihre Schüler nicht diagnostizieren. Das Wissen darum, wann und wie Ärzte Diagnosen erstellen, hilft ihnen aber zu verstehen, wann sie einem Schüler fachärztliche Abklärung anraten sollten. Ebenso ist es für sie relevant, nachvollziehen zu können, was es bedeuten kann, wenn einem Schüler eine bestimmte Diagnose, insbesondere eine Depression attestiert wurde.

---

11 Näheres zu ICD-10 und ICD-11 siehe unter Abschnitt 2.1.7.

2.1.6 Vorangehende Ausschlüsse

Vor der Diagnose einer psychischen Störung ist es für Ärzte wichtig, physische Ursachen auszuschließen, die Symptome wie eine Depression oder weitere Störungen verursachen könnten. Bei Schülern nimmt bedauerlicherweise die Zahl derer zu, die an einer Störung leiden, die durch den Missbrauch von Alkohol und Drogen verursacht wird, das sogenannte Abhängigkeitssyndrom durch psychotrope Substanzen. Es gibt jedoch auch andere Erkrankungen und Faktoren, die zu einer Verwechslung mit depressiven Symptomen führen können. Daher ist es von entscheidender Bedeutung, dass ein Facharzt zunächst physische Ursachen für die Depression ausschließt (siehe Abschnitt 1.4.2).

Therapeuten bezeichnen Alkohol manchmal als »Depressivum«, da er im Gegensatz zu Antidepressiva Depressionen begünstigen kann. Daher wird ein Therapeut in der Regel zuerst versuchen, den Substanzmissbrauch zu behandeln. Dies ermöglicht es ihm einerseits zu beurteilen, wie es dem Patienten ohne diese »Depressiva« geht. Andererseits ist das Gehirn, das unter dem Einfluss von Substanzen steht, oft weniger empfänglich für die Anforderungen einer Psychotherapie. Sowohl Drogen als auch Alkohol können die Fähigkeit des Gehirns, neue Verknüpfungen im Rahmen einer Therapie zu bilden, beeinträchtigen.

Aus meiner Beratungserfahrung weiß ich, dass Schüler, die Suchtmittel, einschließlich Cannabis, konsumieren, wenn sie Depressionen entwickeln, leider oft nicht weniger, sondern manchmal sogar mehr von diesen Substanzen verwenden. Dies stellt eine zusätzliche Herausforderung dar.

2.1.7 ICD-10 und ICD-11

Sicherlich ist Ihnen auf ärztlichen Verschreibungen im Diagnosefeld ein Code, bestehend aus Buchstaben und Zahlen, aufgefallen. Hinter dieser Buchstaben- und Ziffernfolge verbirgt sich die Diagnose des ausstellenden Arztes. Diese Codierung entstammt der *International Statistical Classification of Diseases and Related Health Problems* (Abk. ICD) (vgl. Dilling u. Freyberger 2016). Im Jahr 2024 gilt in Deutschland sowohl die ICD-10 als auch die neuere Version, die ICD-11, die bereits am 1. Januar 2022 in Kraft trat.[12] Die ICD-11 unterliegt noch

12 Auf die ähnliche, in Amerika favorisierte Diagnoseklassifikation DSM-V möchte ich aus Platzgründen nicht näher eingehen.

Revisionsprozessen, sodass ihre verbindliche Anwendung stufenweise erfolgt. Die Diagnostizierung einer Depression über die ICD-10 bzw. die ICD-11 basiert auf der ärztlichen Feststellung einer bestimmten Anzahl von diesbezüglichen Symptomen. Diese sind in beiden Fassungen der ICD in großen Teilen gleich. Für die ICD-10 ist nur eine spezifische Anzahl von bestimmten Symptomen entscheidend für die Diagnose (vgl. Dilling u. Freyberger (2016). Für die ICD-11 ist neben der Anzahl der Symptome noch die Einordnung der Schwere der Symptome von Bedeutung.[13]

2.1.8 Die Symptome der Depression nach ICD-11

Auf ähnliche Weise, wie Ärzte anhand der aufgeführten Symptome in der ICD-10 oder ICD-11 ihre Diagnosen stellen, können auch Sie daraus Schlüsse für Ihr eigenes Handeln ziehen. Ein besseres Verständnis der aufgelisteten Symptome hilft Ihnen nicht nur dabei, Ihre Beobachtungen professionell zu beschreiben, sondern auch, mehr Details zu erkennen, sich zu strukturieren und einen ähnlichen Denkansatz wie die Ärzte zu verwenden. So lässt sich der Umgang mit depressiven Schülern besser bewältigen. Viele der in ICD-10 und ICD-11 aufgeführten Symptome sind zwar mit medizinischen Fachbegriffen belegt, aber sie sind auch für Laien verständlich. Deren Herausforderung besteht oft darin, den Unterschied zwischen einem »normalen« Zustand und einem »gestörten« Zustand oder gar die Schwere einer Störung festzulegen. Für einen Lehrer ist diese genaue Einordnung jedoch kaum erforderlich.

Die einer Depression entsprechenden Symptome sind in der ICD-11 in drei Bereiche eingeteilt. Diese sogenannten »Cluster« fassen Symptome zusammen, die gemeinsame Merkmale haben. Ich finde diese Aufteilung für sich schon interessant und aufschlussreich, da sie verdeutlicht, dass die Ursachen für depressive Störungen unterschiedlichster Art sein mögen und sowohl im affektiven, im kognitiven wie auch im neurovegetativen Bereich liegen können. Im Folgenden illustriere ich die drei Cluster anhand einiger typischer Symptome der Depression, die sowohl in der ICD-10 als auch in der ICD-11 besonders relevant sind.

13 Zum Zeitpunkt der Buchveröffentlichung bestand noch keine Möglichkeit, die ICD-11 als Buch zu beziehen.

Das affektive Cluster

Die Depression gilt als eine sogenannte affektive Störung. Affektive Störungen sind eine Gruppe von psychischen Störungen, deren gemeinsames Merkmal eine bedeutende Veränderung der gesamten Stimmungslage darstellt. Dabei können die Gemütsbewegungen (Affekte) in Richtung Depression gedrückt oder in Richtung Manie gesteigert sein.

Als affektive Symptome gelten die gedrückte, depressive Stimmung und eine Interessen- und Freudlosigkeit.

Gedrückte depressive Stimmung

Die die Depression kennzeichnende gedrückte Stimmung beschreibt einen länger anhaltenden emotionalen Zustand, der im Hintergrund mitschwingt, kein klares Ende und keinen Beginn hat und der negativ bewertet wird. Bei gedrückter Stimmung wirkt die Welt »grau in grau« und wird als solche sowohl körperlich wie auch psychisch empfunden (siehe Peters 2016, S. 538).

Manche Betroffenen berichten auch von einer inneren Leere und der Unfähigkeit, ihre eigenen Gefühle, einschließlich negativer Emotionen, wahrzunehmen. Sie beschreiben ein Gefühl der Erstarrung oder Versteinerung. Diese Personen haben Schwierigkeiten, in Resonanz mit ihrer Umwelt zu gehen, und zeigen oft eine eingeschränkte Fähigkeit zur emotionalen Reaktion oder Mitwirkung. Als Lehrer können wir wahrnehmen, dass wir diese Schüler emotional nicht erreichen können. Sie schwingen nicht mit, wenn wir mit ihnen in Kontakt gehen. Ihre Mimik ist reduziert. Sie lachen nie oder selten. Ihr Blick ist leer und stumpf.

Interessenverlust, Freudlosigkeit

Unter Interesse (lat.: »dazwischen sein«, »dabei sein«) versteht man die kognitive Aufmerksamkeit respektive die Anteilnahme, die eine Person an einer Sache oder anderen Personen nimmt. Menschen mit Depressionen verlieren das Interesse an früher für sie bedeutsamen Dingen und Aktivitäten. So machen beispielsweise Hobbys, Beruf und Ausbildung, Freizeitaktivitäten oder gemeinsame Unternehmungen mit der Familie oder dem Freundeskreis keine Freude mehr. Das Interesse daran ist »verloren gegangen«.

Eng mit dem Interessenverlust ist der Verlust, sich freuen zu können, verbunden. Dieser ist als Einbuße der Freude am gesamten eigenen Leben zu verstehen. Als Lehrer können wir wahrnehmen, dass die Schüler sich auch für neue Themen oder außerschulische Angebote nicht mehr begeistern können. Schüler »wachen« auch bei motivierenden Unterrichtseinstiegen nicht mehr geistig »auf«. Sie verändern ihre Gestik und Mimik selbst bei für Schüler ansprechenden Nachrichten wie Ankündigungen von Ausflügen, Arbeitserleichterungen im Unterricht oder Ähnlichem nicht. Auch in Bezug auf ihr Privatleben fällt im Gespräch auf, dass es kein Thema gibt, das sie mit Leidenschaft verfolgen.

Das kognitive Cluster

Die Kognition kann als Summe aller Denk- und Wahrnehmungsprozesse inklusive ihrer mentalen Ergebnisse verstanden werden. Eine Kognition kann damit ein bestimmtes Wissen, eine Einstellung, Überzeugung oder Erwartung sein.[14]

Verminderte Konzentration, Aufmerksamkeit

In einer Depression ist die Wahrnehmung der Umwelt für die Betroffenen oft beeinträchtigt, sie reagieren weniger auf äußere Reize und haben Schwierigkeiten, sich an Geschehnisse aus jüngster Vergangenheit zu erinnern. In unserer Schülerbeobachtung fällt auf, dass sie Schwierigkeiten haben, sich auf Lerninhalte einzulassen. Sie können Gedanken nicht gut festhalten und komplexe Denkprozesse nur schwer nachvollziehen. Als Lehrer sind wir bereits mit Konzentrationsproblemen bei Schülern in unseren Klassen vertraut. Die Unterscheidung besteht für uns darin, ob ein Schüler zuvor eine bessere Konzentrationsfähigkeit gezeigt hat oder ob die Konzentrationsschwierigkeiten sich auch auf Themen ausweiten, die normalerweise sein Interesse geweckt hätten. Oft gehen mit der verminderten Konzentration auch Entscheidungsschwierigkeiten bis zur völligen Entscheidungslosigkeit einher.

Vermindertes Selbstwertgefühl und Selbstvertrauen, Gefühle von Scham und Wertlosigkeit

Kennzeichnend für die Depression sind in kognitiver Hinsicht ein vermindertes Selbstwertgefühl und Selbstvertrauen. Unter Selbstwert versteht man den Wert, den jemand sich selbst zuschreibt. Selbstver-

14 Weiterführend dazu: Stangl (2019).

trauen bezieht sich auf die Überzeugung von den eigenen Fähigkeiten (siehe Potreck-Rose u. Jacob, S. 20–21). Menschen, die an Depressionen leiden, neigen dazu, die Schuld für ihre Situation in erster Linie bei sich selbst zu suchen, anstatt sie auf Familienmitglieder, Freunde oder die Gesellschaft zu verlagern. Sie haben häufig das Gefühl, die Fürsorge anderer nicht zu verdienen, und ihr Selbstwertgefühl sowie ihr Selbstvertrauen sind in einer Depression fast immer beeinträchtigt. Als Lehrer bemerken wir Schüler, deren Selbstwertgefühl gemindert ist, oft an ihren Äußerungen. Wenn wir sie zur Mitarbeit ermutigen, reagieren sie mit Aussagen wie »Ich bin zu dumm dafür«, »Ich verstehe das sowieso nicht« oder »Ich kann das alles nicht«. Sie ziehen sich häufig von aktuellen Anforderungen zurück und haben Schwierigkeiten, vor der Klasse Leistung zu zeigen, insbesondere wenn es darum geht, ein Referat oder eine Präsentation zu halten. Die Angst, sich vor ihren Mitschülern zu blamieren, ist für sie oft unerträglich.

Hoffnungslosigkeit

Hoffnungslosigkeit wird verstanden als eine verfehlte Einschätzung einer Lebenssituation, die als ausweglos erlebt wird. Von Depressionen Betroffene sind immer von dem Gefühl begleitet, aus der Situation nicht mehr herauszukommen. Sie sehen keinen Ausweg mehr. Ein hoffnungsloser Schüler zeigt oft ein starkes Desinteresse an schulischen Aktivitäten und Aufgaben. Er zieht sich zurück, sein Selbstwertgefühl ist stark beeinträchtigt, und er zweifelt an seiner eigenen Fähigkeit, sich zu verbessern oder erfolgreich zu sein. In der Interaktion mit Lehrkräften und Mitschülern wirkt er häufig komplett resigniert.

Wiederkehrende Gedanken an den Tod, Suizidgedanken und -handlungen

Bei von Depressionen Betroffenen besteht häufig der Wunsch, der als aussichtslos empfundenen Situation zu entkommen, bis hin zur Hoffnung, an einer unheilbaren Krankheit zu versterben, oder dem Gedanken, sich etwas anzutun. Das Vorurteil, dass sich ein Mensch, der von Selbsttötung spricht, nichts antut, ist falsch. Insofern sind Suiziddrohungen und -ankündigungen ein Alarmzeichen. Aber auch Äußerungen wie: »Es hat doch alles keinen Sinn mehr ...« sind bei depressiven Personen Hinweise auf eine ernsthafte Gefährdung.[15]

15 Zum Umgang mit Suizidäußerungen siehe Abschnitt 2.2.4.

Das neurovegetative Cluster

Das neurovegetative Cluster bezieht sich auf das vegetative Nervensystem, das zahlreiche Körperfunktionen unbewusst steuert. Dabei agieren zwei gegensätzliche Komponenten miteinander: Der Sympathikus fördert die Leistungsfähigkeit, während der Parasympathikus die Erholung unterstützt.

Das vegetative Nervensystem ist ein Teil des peripheren Nervensystems und reguliert lebenswichtige Funktionen wie Herzschlag, Atmung, Verdauung und Stoffwechsel. Der Sympathikus und der Parasympathikus sind zwei Teile des vegetativen Nervensystems, die oft als Gegenspieler fungieren und den Körper in unterschiedlichen Zuständen halten: Der Sympathikus bereitet den Körper auf körperliche und emotionale Belastungen vor (»Kampf oder Flucht«), während der Parasympathikus den Körper in einen Zustand der Ruhe und Erholung versetzt (»Ruhen und Verdauen«).

Schlafstörungen

Schlafstörungen können in unterschiedlicher Weise auftreten:

- Einschlafstörungen: Bei dieser Art von Schlafstörung haben Menschen Schwierigkeiten, einzuschlafen, wenn sie ins Bett gehen. Sie können lange wach liegen und sich nicht entspannen, um in den Schlaf zu finden. Diese Störung führt zu verzögertem Schlafbeginn.
- Durchschlafstörungen: Menschen mit Durchschlafstörungen wachen oft mehrmals während der Nacht auf und haben Schwierigkeiten, wieder einzuschlafen. Dies kann dazu führen, dass der Schlaf unruhig ist und die Schlafqualität beeinträchtigt wird.
- Seltener ist die Hypersomnie mit einem vermehrten Schlaf tagsüber und/oder einem verlängerten Nachtschlaf.

Schüler mit Schlafstörungen fallen uns häufig durch ihre ausgeprägte Tagesmüdigkeit auf. Oft liegen sie während des Unterrichts auf dem Tisch, ziehen Kapuzen über den Kopf und kämpfen gegen das Zufallen der Augen an oder schlafen sogar während des Unterrichts ein.

Signifikant veränderter Appetit

Bei einer Depression ist oft auch der Appetit verändert. Als Lehrer kann man einen signifikant veränderten Appetit bei einem Schüler vor allem an Gewichtsschwankungen erkennen. Ein auffälliger Gewichtsverlust oder eine Gewichtszunahme können ein Hinweis sein. Zudem können Veränderungen im Essverhalten eintreten, wie das Vermeiden von Mahlzeiten, übermäßiges Essen oder häufiges Naschen zwischen den Mahlzeiten. Diese Veränderungen im Essverhalten sind für Lehrer allerdings schwieriger zu beobachten. Ich persönlich nehme bei einigen Schülern ein auffälliges Daueressen während des Unterrichts wahr.

Psychomotorische Unruhe oder Verlangsamung

In einer Depression können Betroffene auch an einer ausgeprägten inneren Unruhe leiden. Sie können sich kaum entspannen und fühlen sich getrieben. Auch das Gegenteil ist möglich: Betroffene wirken dann deutlich verlangsamt. Ein Lehrer kann psychomotorische Unruhe oder Verlangsamung bei einem Schüler anhand der folgenden Anzeichen erkennen:

a) *Psychomotorische Unruhe:*
   - Zappeln und ständiges Bewegen der Hände oder Füße
   - ruheloses Herumwirbeln oder Hin- und Hergehen
   - unruhiges Wechseln der Sitzposition
   - häufiges Klopfen mit den Fingern oder Tippen mit den Füßen

b) *Psychomotorische Verlangsamung:*
   - langsamer Gang oder verminderte Bewegungsfrequenz
   - verzögerte Reaktionen auf Fragen oder Aufforderungen

Antriebsmangel

Die Antriebsschwäche ist ein kennzeichnendes Symptom der Depression. Unter Antrieb versteht man die Fähigkeit zur zielgerichteten Aktivität. Im Rahmen einer Depression ist der Antrieb häufig gestört, d. h., Betroffene können sich nur schwer aufraffen. Selbst die Erledigung alltäglicher Dinge wie Einkaufen, Aufräumen, Arbeiten usw. kann große Überwindung kosten, schnell zu Ermüdung führen und zum Teil einfach nicht bewältigt werden. Auch das Treffen von Entscheidungen fällt dann schwer: Der Betroffene hat das Gefühl, wofür er sich auch entscheidet, es ist falsch. Nicht verwechselt werden darf die Antriebsschwäche mit Müdigkeit, auch wenn sich Antriebsschwäche und Müdigkeit gegenseitig verstärken. Ein Schüler mit Antriebsschwäche ist nahezu unfähig, aus eigenem Antrieb heraus etwas zu tun.

2.1.9 Abgrenzung der Depression

Oft steht hinter dem auffälligen Verhalten von Schülern auch keine Depression, sondern es verbirgt sich ein anderes Leiden darunter.

Abgrenzung zur Trauer

Am häufigsten findet sich die Trauer als Auslöser für plötzlich auffällig niedergeschlagenes Verhalten. Die Trauer ist eine durch einen schwerwiegenden Verlust verursachte Gemütsstimmung. Die klinische Depression unterscheidet sich von der Trauer durch eine unverhältnismäßig lange Dauer und Schwere. Was im Einzelfall eine angemessene Zeit oder Schwere einer Trauer ist, hängt von den individuellen Begebenheiten ab.[16] Einige Schüler fallen nur für wenige Tage durch von Trauer geprägtes Verhalten auf und andere sind Wochen und Monate stark von dem Verarbeitungsprozess eingenommen. So gilt es hier im Einzelfall zu ermitteln, ob der Betroffene angemessen seinen Trauerprozess bewältigt oder in einer Phase der Trauer dauerhaft verweilt und auch hier Unterstützung braucht.

Abgrenzung zur Dysthymia

Personen mit Dysthymia leiden an einer chronischen depressiven Verstimmung. Man kann sie »die kleine Schwester der Depression« nennen. Sie erreicht nach Dauer und Schweregrad der einzelnen Episoden nicht die Kriterien für eine leichte oder mittelgradige depressive Störung (siehe dazu Ruf 2022, S. 18). Somit kann man auch den Leidensdruck bei einer Dysthymia etwas geringer als bei einer Depression einordnen. Damit ist sie selten diagnostiziert, da selbst von Depressionen betroffene Personen meist spät und oft auch gar nicht mit ihrem Leid einen Arzt aufsuchen und diagnostiziert werden.

Abgrenzung zur bipolaren Störung

Personen mit einer bipolaren Störung (früher bezeichnet als manisch-depressive Störung) haben extreme Stimmungsschwankungen. Die Stimmung schwankt zwischen zwei entgegengesetzten Extremen. Es treten neben den depressiven Episoden einer unipolaren Störung auch hypomanische oder manische Episoden auf. Diese sind gekennzeichnet durch eine meist Tage oder Wochen andauernde

16 In der amerikanischen Diagnoseklassifikation DSM-V wird eine schwere Trauerreaktion, die länger als zwei Wochen dauert, als Depression klassifiziert (Maj 2013).

Antriebssteigerung, gehobene Stimmung, vermehrte Aktivität und vermindertes Schlafbedürfnis. Als Hypomanie wird eine leichte Ausprägung bezeichnet. Bei der Manie gehen die üblichen sozialen Hemmungen verloren und es kommt zur Selbstüberschätzung und Größenideen (siehe Ruf 2022, S. 19). Die bipolare Störung wird aufgrund ihrer entgegengesetzten Symptomatik anders behandelt als die unipolare Depression. Insbesondere stehen dort andere Medikamente zur Stabilisierung zur Verfügung.

Abgrenzung zu Traumafolgeerkrankungen

Aufgrund der zahlreichen Kriege und den daraus resultierenden Flüchtlingsströmen nehmen die psychischen Folgeerkrankungen, die durch diese Ereignisse bedingt sind, eine besondere Stellung ein. Einige Schulen haben ganze Klassen, die ausschließlich aus Schülern bestehen, die vor Krieg und Verfolgung geflohen sind. Aufgrund der schwerwiegenden Erlebnisse in ihren Heimatländern sind viele dieser geflüchteten Schüler traumatisiert. Die resultierenden Erkrankungen, insbesondere die posttraumatische Belastungsstörung, gehen oft mit Depressionen einher. Im Hinblick auf diese Schüler ist es von entscheidender Bedeutung zu wissen, dass die Therapie des Traumas stets oberste Priorität hat.

Für die Behandlung von Traumafolgeerkrankungen stehen spezialisierte Therapieansätze zur Verfügung. Die zu schnelle Konfrontation mit den traumatischen Erlebnissen kann dazu führen, dass die Patienten erneut traumatisiert werden und sich ihr Zustand verschlechtert. Leider sind die Ressourcen in den Klassen, in denen diese Schüler maßgeblich untergebracht sind, oft immer noch unzureichend, insbesondere wenn die Schüler die deutsche Sprache nicht beherrschen.[17] Daher ist ein einfühlsamer Umgang von großer Bedeutung, und Lehrer in solchen Klassen sollten Teil eines bestehenden Unterstützungskonzepts vor Ort sein, um den Schülern den Einstieg zu erleichtern, und besonders sensibel mit potenziell retraumatisierenden Auslösern (sogenannten »Triggern«) umgehen. Nicht immer erschließt sich uns Lehrern, warum einige Schüler in bestimmten Situationen auffällig empfindsam reagieren und manchmal können die Schüler es sich selbst nicht erklären. In diesem Zu-

17 Diese »Willkommensklassen« haben in allen Bundesländern unterschiedliche Namen.

sammenhang wird in der Epigenetik verstärkt daran geforscht, wie psychische Erfahrungen und Traumata an nachfolgende Generationen weitergegeben werden können.[18]

Abgrenzung zu anderen psychischen Störungen

Schüler, die an Depressionen leiden, sind oft auch von anderen psychischen Störungen betroffen, und diese beeinflussen sich gegenseitig. Zum Beispiel kann ein Schüler mit einer Angststörung, möglicherweise in Form einer sozialen Phobie, sich von der Gesellschaft isolieren und infolgedessen Depressionen entwickeln. Ebenso kann ein Schüler, der unter einer Essstörung leidet, aufgrund des Drucks dieser Störung frustriert und überfordert sein, was zu Depressionen führen mag. Es ist aber auch umgekehrt denkbar: Depressionen können negative Gedanken über die eigene Minderwertigkeit fördern und verstärken, was wiederum zu sozialer Phobie oder Essstörungen führen mag.

Lehrkräfte beobachten zunehmend auch andere Störungen bei Schülern, wie beispielsweise Panikattacken, insbesondere während Klausuren und Prüfungen, wo Schüler in unkontrollierbare Angstzustände geraten. Ein weiteres auffälliges Verhalten ist die Entwicklung von Essstörungen, wobei Lehrer hauptsächlich die Anorexia nervosa, die Magersucht, bemerken, da die Schüler extrem an Gewicht verlieren. Schüler mit Bulimie hingegen, einer Ess-Brech-Sucht, die oft ein normales Gewicht haben, bleiben möglicherweise unentdeckt. Ein weiteres beobachtetes Verhalten ist die Selbstverletzung, wie das Ritzen der Arme. Dieses kann auf eine Persönlichkeitsstörung hinweisen, ist jedoch nur eines ihrer Symptome. Häufig leiden auch diese Schüler an Depressionen. Daher ist es sinnvoll, sich intensiv mit Depressionen als der häufigsten psychischen Erkrankung auseinanderzusetzen, um Schüler einer professionellen ärztlichen Diagnose zuzuführen, die dann auch die anderen zugrunde liegenden Störungen erkennen und behandeln kann.

2.1.10 Die ärztliche Diagnose der Depression nach ICD-11

Für die Diagnose der Depression müssen Symptome aus verschiedenen Clustern vorliegen. Dabei ist zu beachten, dass im affektiven Cluster mindestens ein Symptom vorhanden sein muss, während

18 Vgl. Couvert 2024.

im kognitiven und im neurovegetativen Cluster drei oder mehr Symptome feststellbar sein müssen. Insgesamt müssen für die Diagnose mindestens fünf Symptome vorliegen (siehe dazu Tab. 1).

Cluster	Anzahl Symptome
Affektives Cluster Gedrückte, depressive Stimmung Interessenverlust, Freudlosigkeit	≥ 1
Dazu:	+
Kognitives Cluster Verminderte Konzentration und Aufmerksamkeit Vermindertes Selbstwertgefühl und Selbstvertrauen, Gefühle von Scham und Wertlosigkeit Hoffnungslosigkeit Wiederkehrende Gedanken an den Tod, Suizidgedanken/-handlungen **Neurovegetatives Cluster** Schlafstörungen Signifikant verminderter oder erhöhter Appetit Psychomotorische Unruhe oder Verlangsamung Antriebsmangel, erhöhte Ermüdbarkeit	≥ 3
Auftreten der Symptome mindestens 2 Wochen lang fast jeden Tag	5

Tab. 1: Symptome der Depression nach ICD-11 entsprechend der Nationalen VersorgungsLeitlinie Unipolare Depression von Bundesärztekammer, Kassenärztl. Bundesvereinigung u. Arbeitsgemeinschaft der Wiss. Med. Fachgesellschaften (2022)

Sowohl nach ICD-10 als auch ICD-11 darf eine Depression nur angenommen werden, wenn die Symptome mindestens zwei Wochen lang vorliegen.

Für die Einordnung der Schwere der Depression kommt es nach der ICD-11 darauf an, wie viele Symptome ein Arzt diagnostizieren kann und in welcher Schwere sie vorliegen. Je nachdem, ob es sich um eine leichte, mittelschwere oder schwere Depression handelt, wird der Arzt später das therapeutische Vorgehen anpassen (siehe dazu Tab. 2).

Ausprägung der Symptomatik	Kein Symptom stärker ausgeprägt	Mehrere Symptome stärker ausgeprägt oder große Anzahl gering ausgeprägter Symptome	Die meisten Symptome stärker ausgeprägt oder geringe Anzahl von intensiv ausgeprägten Symptomen
Funktionsfähigkeit (schulisch, beruflich, persönlich, familiär, sozial)	In einem oder mehreren Bereichen etwas eingeschränkt	In mehreren Bereichen erheblich eingeschränkt	In den meisten Bereichen erheblich eingeschränkt
Schweregrad nach ICD-11	leicht	mittelgradig	schwer

Tab. 2: Schweregrade der Depression nach ICD-11 entsprechend der Nationalen VersorgungsLeitlinie Unipolare Depression von Bundesärztekammer, Kassenärztl. Bundesvereinigung u. Arbeitsgemeinschaft der Wiss. Med. Fachgesellschaften (2022)

2.1.11 Depressionen mit psychotischen Symptomen

Die Depression ist eine komplexe psychische Erkrankung, die nicht nur mit emotionalen Tiefphasen einhergeht, sondern auch eine Reihe von psychotischen Symptomen aufweisen kann. Menschen, die psychotisch sind, haben oft Schwierigkeiten, zwischen der Realität und ihren inneren Vorstellungen zu unterscheiden. Diese Symptome sind oft weniger bekannt, aber es ist wichtig, sie zu verstehen, um eine angemessene Diagnose und Behandlung sicherzustellen. Psychotische Symptome bei Depressionen können verschiedene Formen annehmen, darunter insbesondere Wahnvorstellungen und Halluzinationen.

Wahnvorstellungen

Personen mit depressiven Psychosen können unrealistische Überzeugungen oder Denkmuster entwickeln. Zum Beispiel könnten sie fest davon überzeugt sein, dass sie unheilbar krank sind oder dass sie von anderen beobachtet bzw. verfolgt werden, obwohl dies nicht der Fall ist. Solche Überzeugungen sind starr und schwer zu ändern, selbst wenn sie offensichtlich unrealistisch sind.

Halluzinationen

Depressive Psychosen können auch Halluzinationen einschließen, bei denen Betroffene Dinge sehen, hören oder fühlen, die in der Realität nicht existieren. Diese Sinneswahrnehmungen können äußerst beängstigend sein und das Leiden der Person verstärken. Es ist wichtig zu betonen, dass nicht alle Menschen mit Depression psychotische Symptome aufweisen. Psychotische Depressionen sind eine spezifische Form der Erkrankung. Diese Symptome verkomplizieren die Diagnose und Behandlung, da sie zusätzliche Herausforderungen darstellen. Zudem können psychotische Symptome bei verschiedenen psychischen Erkrankungen auftreten. Daher ist eine gründliche Beurteilung durch einen Arzt und eine individuell angepasste Therapie, die bei einer psychotischen Symptomatik meist Unterstützung mit antipsychotischen Medikamenten erfordert, entscheidend, um Betroffene effektiv zu unterstützen.

2.1.12 Depressionen bei Kindern und Jugendlichen

Auch in den Neuerungen der ICD-11 gegenüber der ICD-10 sind die Besonderheiten von Kindern und Jugendlichen nach wie vor nicht berücksichtigt. Vielmehr gelten hier die gleichen Diagnoseschlüssel wie für Erwachsene. Je jünger die Minderjährigen sind, desto schwerer ist jedoch die Depression zu erkennen, da sie von alterstypischen Verhaltensweisen überlagert wird.

In Anlehnung an Abel und Hautzinger (2013) fällt bei Kindern und Jugendlichen Folgendes auf (siehe Tab. 3):

Grundschulalter	Traurige Stimmung (in Selbstbericht) Schulschwierigkeiten Rückzug (wenig Hobbys und Freunde) Aggressives Verhalten Seltener, aber möglich: suizidale Gedanken
Jugendalter	Vermindertes Selbstvertrauen Apathie und Energielosigkeit Ängste Konzentrationsschwierigkeiten Leistungsstörungen (Psycho)somatische Beschwerden Stimmungsschwankungen

Tab. 3: Symptome bei Kindern und Jugendlichen

Transferpause Dreischritt-Konzept:

Welche Schüler oder Schülerinnen haben Sie bereits diffus als »auffällig« wahrgenommen?

Notieren Sie diese.

2.1.13 Die Säulen der Therapie

Um sicherer im Umgang mit Depressionen im System Schule zu werden, ist es hilfreich zu wissen, wie Depressionen professionell behandelt werden. Als Lehrer können wir mit diesem Wissen besser verstehen, wie wir unsere Schüler außerhalb der Schule unterstützen können und welche Bedeutung es für sie haben kann, professionelle Hilfe von Ärzten und Therapeuten für ihre Depressionen in Anspruch zu nehmen. Die wichtigsten Pfeiler professioneller stationärer oder ambulanter Therapie von Depressionen sind die pharmakologische Behandlung mit Antidepressiva und die Psychotherapie.

Medikamentöse Behandlung

Der Einnahme von Antidepressiva stehen viele Patienten erst einmal skeptisch gegenüber. Medikamente können helfen, die Symptome einer Depression zu lindern. Sie lösen aber direkt keine sozialen Probleme, die meist der Depression zugrunde liegen (vgl. dazu Ruf 2013). Als grundsätzlich wirksam hat sich der Einsatz folgender Medikamente erwiesen:

- Antidepressiva bei mittelschwerer und schwerer Depression als größte Gruppe von eingesetzten Medikamenten
- Antipsychotika bei bipolaren Störungen und bei schwerer Depression in Kombination mit Antidepressiva
- Stimmungsstabilisierer hauptsächlich bei bipolarer Störung, manchmal auch bei länger bestehenden Depressionen.

Oft berichten Patienten über Nebenwirkungen, die nach Art der Medikamente und aufgrund der individuellen Reaktion variieren. Zu den häufigsten Nebenwirkungen gehören:

- Kopfschmerzen
- Schwindel
- Verdauungsprobleme, insbesondere Übelkeit
- Gewichtszunahme durch gesteigerten Appetit
- Schlafstörungen.

Diese Nebenwirkungen führen häufig zum Abbruch der Therapie. Zumindest geht es vielen Schülern in der Phase der medikamentösen Einstellung noch keineswegs gut und es dauert, bis sich ihr Zustand und ihre Leistungsfähigkeit verbessern.

Es gibt noch weitere ärztliche Verfahren, wie die Elektrokonvulsionstherapie, die Behandlung mit Ketamin und diverse andere, die alle sehr interessant sind, aber seltener angewandt werden und deren genauere Darstellung hier den Rahmen sprengen würde.

Psychotherapeutische Behandlung

Psychotherapeutische Verfahren haben ebenso ihren festen Platz in der Behandlung der Depression und nehmen meist den größten Raum ein. Hier sind allen voran die Verhaltenstherapie und die tiefenpsychologische Psychotherapie zu nennen. Mehr dazu in Abschnitt 2.3.5.

Ergänzende Therapieformen

Hinzukommen andere therapeutische Angebote, die zur Verbesserung der Symptomatik, der Alltagsbewältigung und der Lebensqualität beitragen können. Die wichtigsten sind:

- Körperliche Bewegung, insbesondere aerobe Sportarten (Laufen, Radfahren, Schwimmen), aber auch anaerobe Trainingsformen (Krafttraining)
- Lichttherapie bei der Winterdepression durch Lichtmangel
- Yoga und Entspannungstraining
- Alkoholabstinenz

Insofern kann man sich die Behandlung der Depression als ein Gebäude vorstellen, das am sichersten steht, wenn alle tragenden Säulen vorhanden sind (siehe dazu Abb. 3).

Depressionsbehandlung		
optional: Medikamente	grundlegend: Psychotherapie	ergänzend: Weitere Therapieformen

Abb. 3: Säulen der Behandlung der Depression

Die Kombination aus medikamentöser Therapie, Psychotherapie und ergänzenden Maßnahmen kann entweder in einer ambulanten oder stationären Umgebung durchgeführt werden. Leider herrscht derzeit ein erheblicher Mangel an verfügbaren Therapieplätzen, sowohl für Erwachsene als auch für Kinder und Jugendliche. Oft vergehen viele Monate, bis ein Therapieplatz verfügbar ist, und einige Therapeuten haben sogar ihre Wartelisten geschlossen. In dieser schwierigen Situation erleben Schüler und ihre Familien oft ein Gefühl der Hilflosigkeit, und es wird notwendig, vorübergehende Lösungen zur Stabilisierung zu finden, bis eine Verbindung zu einem professionellen Psychotherapeuten hergestellt werden kann. Im Hilfeteil finden Sie nützliche Tipps und Kontaktinformationen für diese Übergangslösungen.

2.1.14 Ambulante vs. stationäre Therapie

Therapie kann entweder in den Räumen eines Therapeuten, sprich ambulant, oder stationär in Kliniken erfolgen.

Ambulante Therapie

Die häufigste Form der Behandlung der Depression ist die ambulante Therapie. Im Falle einer medikamentösen Therapie muss der Patient zur Verordnung der Medikamente und anschließend zur Einstellung und Überwachung hinsichtlich der Nebenwirkungen zu einem Facharzt für Psychiatrie. Daneben findet die Psychotherapie in den Praxisräumen eines psychologischen Psychotherapeuten statt. Die Häufigkeit der Sitzungen kann variieren und wird in der Regel zwischen dem Therapeuten und dem Patienten festgelegt. Typischerweise finden wöchentliche Sitzungen statt, es kann aber auch häufiger oder seltener sein, je nach Bedürfnis des Patienten. Insgesamt variieren ambulante Psychotherapien in der Dauer stark. Einige Patienten finden in einer einzigen Therapiestunde schon große Linderung, während andere über einen längeren Zeitraum, teils jahrelang therapeutische Unterstützung benötigen. Die ambulante Therapie bietet den Vorteil, dass Patienten ihre täglichen Aktivitäten beibehalten können, während sie gleichzeitig Unterstützung bei ihren psychischen Problemen bekommen. Es bedarf keiner besonderen Wiedereingliederungsmaßnahmen und der krankheitsbedingte Ausfall in Schule und Ausbildung ist oft begrenzt auf einzelne Tage. Eine ambulante Therapie ist bezogen auf die Schule damit die am wenigsten einschneidende Variante. Die Schüler nehmen weiter an Prüfungen teil und können durch die grundsätzliche Anwesenheit bewertet werden.

Stationäre Therapie

Die Therapie in der Klinik bietet einen sicheren Rahmen, der eine umfassende Betreuung gewährleistet, in dem die Patienten rund um die Uhr von Fachleuten, d. h. Psychiatern und psychologischen Psychotherapeuten sowie weiterem Pflege- und Therapiepersonal betreut werden. In der Klinik werden verschiedene Therapieformen angeboten, als Einzel- und auch Gruppentherapie, sowie ergänzende Aktivitäten aus den Bereichen Sport und Kunst, aber auch Entspannungstechniken und Achtsamkeitstrainings.

Bei Bedarf kann überwacht eine medikamentöse Behandlung erfolgen. Dies hat in der Klinik den besonderen Vorteil, dass im Falle der häufig auftretenden Nebenwirkungen die Medikamentengabe schnell angepasst werden kann. Zudem profitieren die Patienten stark von den Möglichkeiten, mit anderen in der Klinik behandelten Patienten in Kontakt zu treten, was soziale Unterstützung und Erfahrungsaustausch ermöglicht. Die Entscheidung für eine Klinikeinweisung wird individuell getroffen und hängt von der Schwere der Depression und den spezifischen Bedürfnissen der Patienten ab. Wenn eine Person aufgrund ihrer Depression ein erhöhtes Risiko für Selbstverletzung oder Suizid aufweist, kann ein überwachter Klinikaufenthalt sicherer sein. Auch wenn der Patient an einer schweren Depression leidet, die sein tägliches Leben stark beeinträchtigt oder mit vielen körperlichen Symptomen einhergeht, sodass sich der allgemeine Gesundheitszustand zusehends verschlechtert, mag eine Klinikeinweisung notwendig sein. Für unsere minderjährigen oder noch jüngeren erwachsenen Schüler erfordert bisweilen auch die soziale Situation eine Einweisung. Wenn es zu Hause keine ausreichende Unterstützung gibt oder wenn das familiäre Umfeld des Patienten kontraproduktiv ist, kann eine stationäre Behandlung die bessere Option sein.

Die Dauer des stationären Aufenthalts kann variieren, von wenigen Tagen bis zu mehreren Wochen oder gar Monaten, abhängig von der Schwere der Erkrankung, den genehmigten Zeiträumen und den individuellen Fortschritten. Nach meiner Erfahrung beträgt die häufigste Dauer eines Klinikaufenthaltes rund sechs Wochen bis zwei

Monate. Damit ein Schüler während des Klinikaufenthaltes nicht den Anschluss an die Schule verliert, gibt es bei einem Teil der therapeutischen Einrichtungen sogenannte Klinikschulen.[19] Diese sind in unmittelbarer Nähe, manchmal sogar direkt im Klinikgebäude untergebracht. In kleinen Klassen von meist vier bis acht Schülern werden die Jugendlichen unterschiedlicher Schularten zusammen unterrichtet. Die Lehrkräfte der Klinikschulen bemühen sich um Kontakt mit den Heimatschulen. Je nach Belastbarkeit und Schwere der Erkrankung bei den Schülern wird der Unterricht auf einzelne Stunden beschränkt oder zeitweise (z. B. zu Beginn einer Behandlung) ganz ausgesetzt.

Nach Abschluss der stationären Therapie erfolgt in der Regel eine ambulante Betreuung. In den Übergangsphasen könnte auch noch ein Krankenhausunterricht etabliert werden oder ein solcher, bei dem der Schüler zu Hause unterrichtet wird. Bei anderen chronischen Erkrankungen findet dies regelmäßig statt. Bei depressiven Schülern ist eine Beschulung zu Hause noch unüblich. Zudem bräuchten die Schüler nach längeren Aufenthalten in Kliniken oft erst eine Phase der Wiedereingliederung in Schule oder Ausbildung, in der sie vor übermäßigen Belastungen geschützt werden. In dieser Zeit ist es wichtig, proaktiv nach Lösungen zu suchen, damit die Schüler nicht aufgrund ihrer längeren Abwesenheit zusätzlich belastet werden. Es kommt häufig vor, dass diese Schüler ein Schuljahr wiederholen oder Schüler an beruflichen Schulen ihre Ausbildungszeit verlängern müssen. Die stationäre Therapie stellt somit den größten Einschnitt in der schulischen Begleitung dar.

Therapie in der Tagesklinik

Eine Mittellösung besteht in der Behandlung der Depression in einer Tagesklinik. Hier kommen die Patienten zum Frühstück auf die Station, haben den Tag über Therapiesitzungen und kehren am späten Nachmittag nach Hause zurück, um dort zu übernachten. Für Schüler stellt dies oft eine gute Alternative dar, da sie eine intensive Betreuung erhalten, ohne jedoch vollständig aus ihrem familiären Umfeld herausgerissen zu werden. Aus Sicht der Schule unterscheidet sich diese Form der Therapie kaum von einer stationären Behandlung,

19 In Österreich werden Klinikschulen auch als Heilstättenschulen bezeichnet. In der Schweiz werden Klinikschulen teilweise auch Spitalschulen genannt.

da die Schüler länger dem Unterricht fernbleiben. Erfahrungsgemäß fällt es den Schülern nach Abschluss der Therapie etwas leichter, wieder dem Tempo und den sozialen Anforderungen im Klassenraum gerecht zu werden.

2.1.15 Depressive Schüler in unseren Klassen – Musterfälle

Im Folgenden werden einige typische Fallgeschichten aus dem Berufsalltag vorgestellt. Diese Fälle sollen Ihnen Schüler und Schülerinnen zeigen, wie sie Ihnen, Ihren Kollegen und meinen Seminarteilnehmern oft begegnen. Einige dieser Schüler leiden an Depressionen. Im Unterrichtsalltag wird trotz anhaltenden diffusen Gefühls, dass diese »irgendwie auffällig« sind, wahrscheinlich keiner dieser Schüler im Hinblick auf das mögliche Vorliegen einer Depression angesprochen. In der Schule gilt oft der Grundsatz, dass die Schüler so sein dürfen, wie sie wollen, solange sie gute Leistungen erbringen und den Unterricht nicht stören. Im besten Fall erfolgt eine Intervention bei Mobbing. Ansonsten beschränken sich die Maßnahmen in der Regel auf Ermahnungen, wenn Schüler sich lediglich müde auf dem Tisch räkeln oder dem Unterricht aufgrund von Antriebslosigkeit nur langsam folgen können.

Das Ziel der Auseinandersetzung mit den Musterfällen besteht darin, diejenigen Schüler der Klasse herauszufiltern, die nicht nur unter Müdigkeit oder Langeweile leiden, sondern tatsächlich eine psychische Störung wie eine Depression entwickelt haben. Wie bei allen schwerwiegenden Erkrankungen ist es ratsam, dass die Betroffenen so schnell wie möglich ärztlichen Rat einholen. In den folgenden Fällen werden wir daher die sinnvolle professionelle Unterstützung durch Lehrer in diesem Prozess erörtern und reflektieren. Vorausgesetzt, die betroffenen Schüler oder bei Minderjährigen die Erziehungsberechtigten stimmen zu und es liegt eine Schweigepflichtentbindung vor, können Lehrkräfte hier einen bedeutsamen Beitrag zur Diagnose leisten.

Dies geschieht einerseits, indem sie ihre Wahrnehmungen den Betroffenen mitteilen und somit durch die Verbalisierung ihrer Beobachtungen ein Handeln anregen. Andererseits können die Beobachtungen der Lehrer bezüglich Veränderungen im Verhalten der betroffenen Schüler neben anderen Informationsquellen in die ärztliche Diagnose einfließen, beispielsweise in Gesprächen mit dem Behandler oder durch die Auswertung von Fragebögen.

Im Folgenden werden sechs Schüler und Schülerinnen beschrieben, die viele Verhaltensweisen zeigen, die uns Lehrern typischerweise im Klassenraum begegnen. Selbstverständlich sind die Fälle anonymisiert, stark verkürzt und sehr plakativ gehalten. Gerade wegen ihrer Verkürzung dienen sie einer Heranführung an die typischen Symptome der Depression entsprechend dem Vokabular der ICD-11. Die professionelle Benennung Ihrer Wahrnehmungen und das Erwägen von Handlungsoptionen können anhand dieser Kurzfälle reflektiert werden.

Bei allen Auffälligkeiten müssen Sie zunächst klären, ob die Symptome mindestens seit zwei Wochen vorliegen. Dann empfiehlt es sich, Kollegen zu fragen, ob sie ähnliche Wahrnehmungen gemacht haben. In einigen Fällen ist ein bestimmtes Verhalten fachbezogen (seltener, als man denken würde). Nun können Sie sich einen Überblick über Anzahl und Schwere der Symptome verschaffen. Dieser Schritt ist optional, da bereits die Wahrnehmung von wenigen Symptomen zu einem Gespräch mit dem betroffenen Schüler führen sollte.

Nach der Lektüre dieses Buches und nachdem Sie exemplarisch ein paar Schüler zugeordnet haben, wird sich bei Ihnen ein »professionelles Gefühl« einstellen, das Ihnen schnell bei der Entscheidung hilft, welche nächsten Schritte erforderlich sind. Die Art und Weise, wie wir mit den Schülern und den anderen Beteiligten in Kontakt treten, wird dann in Abschnitt 2.2 erklärt.

Fall 1 – Ein typischer Fall: Alara

Die 19-jährige Berufsschülerin Alara kommt morgens oft zu spät in den Unterricht. In der Klasse hat sie sich vom sozialen Miteinander zurückgezogen und sitzt meist still für sich allein. Im Kontakt mit den Lehrern ist sie zurückhaltend, aber freundlich. Unter weiter Kleidung verbirgt sie, dass sie stark abgenommen hat. Wenn sie aufgerufen wird, sich am Unterricht zu beteiligen, verweigert sie dies in jeder Form. Ihre laufende Mitarbeit hat etwas nachgelassen, aber sie ist wegen ihrer soliden schriftlichen Leistungen immer noch eine gute Schülerin. Zudem erklärt sie im Lernentwicklungsgespräch, dass sie in letzter Zeit »sehr schlecht drauf« sei und ohne Hoffnung ihrer Zukunft entgegenblicke. Ihr Zuspätkommen erklärt sie mit ihren Schlafstörungen, die dazu führten, dass sie morgens große Probleme mit dem Aufstehen habe. Sie sagt von sich, dass sie eine Versagerin sei.

Welche weiteren Denk- und Handlungsschritte wären zu erwägen?

Alara steht stellvertretend für eine weitgehend funktionale depressive Schülerin. Sie zeigt viele Symptome.

- Sie kommt schlafstörungsbedingt zu spät in den Unterricht.
- Sie hat sich sozial isoliert.
- Sie hat stark Gewicht verloren.
- Sie verweigert mündliche Beteiligung und anderes, wie ein Auftreten vor der Klasse.
- Sie artikuliert sogar selbst, dass sie sehr schlecht drauf und ohne Hoffnung sei.

Leider agieren Lehrer bei Schülern, die trotz schlechten psychischen Zustands noch gute Leistungen zeigen, oft nicht. Die erbrachten Leistungen werden zum Gradmesser der Schwere einer psychischen Erkrankung.

Welche Symptome könnten aus dem Fall herausgelesen werden und welchen Clustern wären sie zuzuordnen?

Affektives Cluster: gedrückte depressive Stimmung und Interessenverlust

Kognitives Cluster: vermindertes Selbstwertgefühl, Hoffnungslosigkeit

Neurovegetatives Cluster: Schlafstörungen, signifikant verminderter Appetit

Wenn man bei Alara die Symptome zusammen betrachtet, wird deutlich, dass wir Alara unbedingt und kurzfristig unsere Wahrnehmungen spiegeln und sie anregen sollten, sich um eine ärztliche Abklärung ihrer Symptome zu kümmern.

Fall 2 – Ein untypischer Fall: Ben

Der 17-jährige Oberstufenschüler Ben kommt regelmäßig und pünktlich in den Unterricht. Er ist gut in die Klassengemeinschaft integriert und der Schwarm der Mädchen. Ben ist sehr modebewusst und begegnet auch der Lehrerschaft freundlich und zugewandt. Bens Leistungen haben in diesem Jahr nachgelassen. Auffällig ist seine große körperliche Unruhe. Ständig kippelt er mit dem Stuhl, wippt mit dem Bein oder klopft mit Stiften auf den Tisch. Auf seine Aufgaben kann er sich nicht konzentrieren, obwohl er es nach seinen Angaben gern tun würde. Auch lenkt Ben die Mitschüler ab, ärgert seinen Sitznachbarn. Im Lernentwicklungsgespräch begründet Ben sein Verhalten damit, dass ihn Schule einfach nicht interessiere. Er gibt allerdings auch an, dass er privat ebenso seine Hobbys aufgegeben habe, weil sie ihm keine Freude mehr brächten.

Welche weiteren Denk- und Handlungsschritte wären zu erwägen?

Ben steht stellvertretend für einen Schüler, der uns durch große Anspannung auffällt.

- Er zeigt nachlassende Leistungen.
- Er kippelt, wippt und klopft.
- Er kann sich nicht konzentrieren.
- Er ärgert seine Mitschüler.
- Er gibt an, dass er schulisch wie privat interessen- und freudlos sei.

Die Auffälligkeiten im Verhalten werden zwar wahrgenommen, aber selten wird hinter ihnen eine Depression vermutet. Gerade bei den beliebten Schülern wird ein Leidensdruck oft nicht für möglich gehalten. Eher ist es so, dass motorische Unruhe und eine Null-Bock-Haltung häufig Symptome sind, auf die Lehrer genervt reagieren. Ein Leidensdruck oder gar eine psychische Erkrankung wird selten in Erwägung gezogen.

Welche Symptome könnten aus dem Fall herausgelesen werden und welchen Clustern wären sie zuzuordnen?

Affektives Cluster: Interessenlosigkeit, Freudlosigkeit

Kognitives Cluster: verminderte Konzentration

Neurovegetatives Cluster: psychomotorische Unruhe

Auch Ben sollte auf die Symptome angesprochen werden mit der Anregung, diese bei einem Arztbesuch anzusprechen. Der Leidensdruck sollte erfragt werden, um dafür zu sensibilisieren, dass auch Depressionen in unterschiedlichem Gewand erscheinen können. Da Ben noch minderjährig ist, muss auch seinen Erziehungsberechtigten der eigene Eindruck unter Nennung der Fachbegriffe gespiegelt werden.

Fall 3 – Ein unklarer Fall: Pubertät oder Depression: Can

Der 15-jährige Schüler Can hat immer wieder einzelne Fehltage, kommt aber meist pünktlich morgens in den Unterricht. Can hat leichtes Übergewicht entwickelt. Er ist sehr gepflegt und hat sich im letzten Jahr mit seiner Kleidung dem Modestil der dominanten Gruppe der Klasse angepasst. Can ist jedoch nicht in die Gruppe der Jungen integriert. Zu einigen Mädchen hat er Kontakt. Immer wieder kommt es im Unterricht von einzelnen Mitschülern zu abwertenden Kommentaren Can gegenüber. Bei der Bearbeitung seiner Aufgaben wirkt Can verlangsamt; wenn er Arbeitsblätter oder andere Aufträge bekommt, beginnt er nicht gleich damit. Auf Nachfrage erklärt er, dass er das eh alles nicht könne, es nichts bringe und er wohl zu dumm sei.

Welche weiteren Denk- und Handlungsschritte wären zu erwägen?

Can steht stellvertretend für einen Schüler, der abseits der Klassengemeinschaft steht.

- Er versucht sich zu integrieren, wird aber ausgeschlossen.
- Er wird gemobbt.
- Er hat an Gewicht zugenommen.
- Er ist unmotiviert.
- Er sagt über sich selbst, dass er nichts könne und dumm sei.

Can ist wie Alara ein Außenseiter. Im Gegensatz zu ihr wäre er gern in die Klassengemeinschaft integriert, wird aber ausgeschlossen. Er ist leistungsschwach und unmotiviert. Oft nehmen wir eine solche Entwicklung bei Schülern in den großen Umbrüchen der Pubertät wahr. Es scheint, dass sich die Jugendlichen in diesen Jahren neu erfinden. Häufig nehmen wir in Kauf, dass es dabei auch einzelne Jugendliche gibt, die ihre Position im Klassenverband verlieren und trotz enormer Anstrengung abgewertet werden. Dass sie darunter leiden, bemerken Lehrer im Allgemeinen, aber dass sich daraus eine behandlungsbedürftige Depression entwickeln kann, wird oft nicht bedacht.

Welche Symptome könnten aus dem Fall herausgelesen werden und welchen Clustern wären sie zuzuordnen?

Affektives Cluster: Interessenverlust

Kognitives Cluster: Wertlosigkeit, Selbstvertrauen

Neurovegetatives Cluster: Verlangsamung, erhöhter Appetit

Auch bei Can sollten Sie als Lehrer zeitnah ein Gespräch anbieten und Ihre Wahrnehmung seiner Depressionssymptome ansprechen. Teilen Sie den Erziehungsberechtigten Ihre Beobachtungen mit, unter Berücksichtigung der Vertraulichkeit. Entwickeln Sie gemeinsam mit dem Schüler und seinen Erziehungsberechtigten einen Aktionsplan, um mit dem Mobbing umzugehen und die soziale Integration zu fördern. Setzen Sie klare Schritte und Ziele fest. Ermutigen Sie den Schüler und seine Eltern, auch professionelle Hilfe in Erwägung zu ziehen.

Fall 4 – Ein dringender Fall: Denise

Die 16-jährige Schülerin Denise erzählt von ihren Befürchtungen, an einer Depression zu leiden. Sie habe keinen Antrieb, sei seit Wochen fast durchgehend schlechter Stimmung und alles überfordere und ermüde sie. Oft könne sie das Bett nicht verlassen, sie mache sich deswegen große Vorwürfe. Sonst sei alles in Ordnung. Ihr Kopf sei jedoch wie abgestellt. Inzwischen verstünde sie die Leute gut, die wegen Depressionen Selbstmord begingen, und sie denke selbst darüber nach, dass ein Suizid ihrem Leid ein Ende bereiten würde.

Welche weiteren Denk- und Handlungsschritte wären zu erwägen?

Denise steht stellvertretend für eine Schülerin, die als Notfall angesehen werden muss und die Vollausprägung einer schweren Depression aufweist.

- Sie ist dem Alltag in keiner Weise mehr körperlich oder psychisch gewachsen.
- Sie hat Suizidgedanken.

Welche Symptome könnten aus dem Fall herausgelesen werden und welchen Clustern wären sie zuzuordnen?

Affektives Cluster: gedrückte depressive Stimmung, Freudlosigkeit und Interessenverlust

Kognitives Cluster: ACHTUNG: wiederkehrende Gedanken an Tod und Suizidhandlung

Neurovegetatives Cluster: Antriebsmangel, erhöhte Ermüdbarkeit

Denise braucht sofort ärztliche Hilfe. Aufgrund ihrer Minderjährigkeit sind die Erziehungsberechtigten unbedingt zu informieren, und es ist über den Beratungsdienst oder ansonsten den Notruf in Absprache mit den Erziehungsberechtigten eine sofortige Vorstellung bei einem Arzt oder in einer Klinik zu ermöglichen.

Fall 5 – Punktuelle Auffälligkeit in nur einem Fach: Emil

Der 17-jährige Emil besucht die Abiturklasse eines Gymnasiums. Während des Unterrichts legt er oft seinen Kopf mit verschränkten Armen auf dem Tisch ab. Seine Leistungen sind stark eingebrochen. Oft kommt er zu spät. Er wirkt müde und schottet sich meist durch das Tragen von großen Kapuzenpullovern von den Mitschülern ab. In Gruppenphasen überlässt er den anderen die Arbeit und die Verantwortung für den Prozess. In die Gruppe in diesem Kurs ist er nicht integriert. Ihnen gegenüber als dafür verantwortlichem Lehrer wahrt er ein Mindestmaß an Freundlichkeit, was ihm sichtlich schwerfällt.

Welche weiteren Denk- und Handlungsschritte wären zu erwägen?

Emil steht stellvertretend für einen Schüler, der sich gegen Leistung und soziale Integration entschieden hat.

- Er zeigt eine hohe Müdigkeit.
- Er hat keinen Antrieb, im Unterricht Leistungen zu erbringen.
- Er integriert sich nicht in die Klasse / den Kurs.
- Er ist im Abiturjahrgang.

Zu bedenken ist: In den letzten zwei Jahren vor dem Abitur können Schüler die Fächer, die sie nicht in das Abitur einbringen wollen, streichen. Die Schüler müssen dann nur einen einzigen Punkt bekommen, um die Belegpflicht zu erfüllen.

Welche Symptome könnten aus dem Fall herausgelesen werden und welchen Clustern wären sie zuzuordnen?

Affektives Cluster: gedrückte depressive Stimmung, Freudlosigkeit und Interessenverlust

Kognitives Cluster: verminderte Konzentration

Neurovegetatives Cluster: Antriebsmangel, Schlafstörungen, erhöhte Ermüdbarkeit

Es empfiehlt sich, Kollegen nach ihren Eindrücken von Emil zu befragen. Mit diesen Informationen sollte man dann mit Emil Kontakt aufnehmen und ihn auf sein Verhalten ansprechen.

Fall 6 – Ein funktionales Mädchen: Fenja

Die 20-jährige Fenja absolviert derzeit eine Ausbildung und besucht zwei Tage pro Woche die Berufsschule. Während des Unterrichts fällt sie oft durch ihre Stille auf. Kürzlich verbrachte sie zwei Monate im Krankenhaus, jedoch hat sie den Grund für ihren Aufenthalt nicht mitgeteilt. Im Unterricht scheint sie häufig abwesend zu sein und gibt auf Nachfrage an, unter Kopfschmerzen zu leiden. Ihre schulischen Leistungen sind nicht optimal, dennoch haben die Lehrkräfte den Eindruck, dass sie sich bemüht und die Klassenziele ausreichend erreichen wird. Fenja wirkt insgesamt langsam und zart in ihrer Erscheinung. Obwohl sie sich in die Klassengemeinschaft integriert, übernimmt sie selten die Führung. Während Gruppenaktivitäten beteiligt sie sich, bleibt jedoch stets etwas abseits. Gelegentlich klagt sie über Schwindel und wirkt dabei sehr blass.

Welche weiteren Denk- und Handlungsschritte wären zu erwägen?

Fenja steht stellvertretend für eine Schülerin, die unter einer psychischen Erkrankung leidet, bereits eine stationäre Therapie absolviert hat und nun mit den Nebenwirkungen ihrer Medikamente kämpft.

- Fenja war mehr als sechs Wochen abwesend.
- Sie hat Kopfschmerzen und sie leidet unter Schwindel.
- Sie wirkt verlangsamt und schwingt nicht mit ihrer Umwelt.

Welche Symptome könnten aus dem Fall herausgelesen werden und welchen Clustern wären sie zuzuordnen?

Affektives Cluster: gedrückte depressive Stimmung, Freudlosigkeit und Interessenverlust

Kognitives Cluster: verminderte Konzentration

Neurovegetatives Cluster: Antriebsmangel

Als Lehrer in einer Teilzeit-Berufsschulklasse stehen wir manchmal vor der Herausforderung, stabile Beziehungen zu unseren Schülern aufzubauen, gerade wenn sie längere Zeit abwesend waren. Es kann Momente geben, in denen wir zögern, Schüler auf persönliche Probleme anzusprechen, aus Sorge, ihre Grenzen zu überschreiten. Jedoch besonders während längerer Krankenhausaufenthalte ist es von entscheidender Bedeutung, Interesse am Wohlbefinden unserer Schüler zu zeigen und Verständnis für die Belastungen, die mit den Nebenwirkungen von Medikamenten einhergehen, aufzubringen.

Unser Ziel ist es, eine unterstützende und einfühlsame Atmosphäre zu schaffen, in der sich die Schüler gehört und verstanden fühlen. Wenn Schüler bereits von Ärzten und Psychotherapeuten betreut werden, ist es wichtig, sie darüber zu informieren, dass die Schule ebenfalls Unterstützungsangebote bereithält.

Ich persönlich teile die Ansicht, dass eine gleichzeitige externe therapeutische Intervention und schulische Stabilisierungsgespräche nicht immer den gewünschten Erfolg bringen. Unterschiedliche Herangehensweisen könnten zu Verwirrung beim Schüler führen. Insofern plädiere ich dafür, die für den Schüler zu erarbeitenden Strategien zur Bewältigung seines Schulalltags ins therapeutische Gespräch mit dem Psychotherapeuten zu verlagern und nur bei Bedarf schulseits zuzuarbeiten. Nach meiner Erfahrung können die Therapeuten gut einschätzen, was im schulischen Rahmen möglich ist.

Zudem ist es von Vorteil, wenn der Schüler einen Raum hat, in dem er sich zwar verstanden fühlt und seine Probleme teilen kann, aber diese nicht im Zentrum stehen. Dies ermöglicht der Schule, weiterhin einen Ort der Normalität darzustellen, sodass die Schüler sich hier ausschließlich auf schulische Herausforderungen zu konzentrieren vermögen, ohne ständig mit den persönlichen Themen konfrontiert zu werden.

Transferpause Dreischritt-Konzept:

Welche Symptome habe ich bei meinen Schülern so eindeutig wahrgenommen, dass ich sie benennen kann?

Notieren Sie wahrgenommene Symptome.

In der Reflexion Ihrer Erfahrung mit den genannten Fallbeispielen werden Sie festgestellt haben, dass die Abgrenzung der Symptome im Einzelfall sehr schwierig ist und es einem Lehrer auch kaum zusteht, alle Kriterien zu erfragen. Hinzu kommt, dass es in der ICD-11 eine Vielzahl an Störungen gibt, die der Depression ähneln und mit affektiven Beeinträchtigungen einhergehen. Für die richtige Behandlung ist es äußerst wichtig, dass genau diagnostiziert wird, damit Sie eine Vorstellung davon bekommen, wodurch der depressive Schüler im Detail belastet sein könnte. Sie sollten mit dem erworbenen Wissen achtsam umgehen und sich beim Transfer auf die Benennung Ihrer eigenen Wahrnehmungen beschränken. Die Verfeinerung der eigenen Sprache stellt ein entscheidendes Element dar, um den Unterstützungsprozess effektiv in Gang zu setzen. Es wird offensichtlich, dass das präzise Ausdrücken Ihrer Wahrnehmungen nicht nur dazu dient, den Schülern zu helfen, sondern auch Ihnen selbst ermöglicht, sich anschließend von der Verantwortung für den therapeutischen Prozess zu lösen. Auf diese Weise bekommen Sie eine größere Rollenklarheit und können sich besser auf Ihre Aufgabe als Pädagoge konzentrieren.

2.2 Kontakt aufnehmen

In diesem Abschnitt wird ein Prozess beschrieben, wie Lehrer mit ihrer nun klar benannten Wahrnehmung umgehen können. Er umfasst sowohl die weitere Abklärung innerhalb des Schulsystems als auch den Kontakt zu den betroffenen Schülern und ihren Erziehungsberechtigten. Auf diese Weise wird den Betroffenen die Möglichkeit gegeben, selbst Verantwortung für ihre Situation zu übernehmen.

Die Benennung der Wahrnehmung und der Abgleich im Gespräch sollen dazu beitragen, dass sich die Schüler einerseits gesehen und verstanden fühlen und dass ihnen andererseits ein Weg aus ihrer Hilflosigkeit heraus gezeigt wird. Durch die Übersetzung der Wahrnehmungen in die professionellen Begriffe der ICD-10 und ICD-11 werden die Schüler ermutigt, professionelle Hilfe in Anspruch zu nehmen und ihr Anliegen angemessen zu formulieren.

Besonders im Fall von Depressionen ist es entscheidend, frühzeitig zu handeln. Es ist von großer Bedeutung, rasch aktiv zu werden, da bei längerem Zögern die Chancen auf Genesung abnehmen. Nach einer depressiven Phase und mit jeder weiteren Episode steigt das Risiko, erneut in eine Depression zu geraten, und die Erkrankung kann chronisch werden. Um dies zu verhindern, ist es von größter Wichtigkeit, so schnell wie möglich aktiv zu werden, um die Aussicht auf eine baldige Therapie zu erhöhen.

2.2.1 Wer ist alles im Unterstützungssystem unserer Schüler?

Um die eigene Rolle als Lehrkraft eines Schülers mit psychischen Herausforderungen zu definieren, ist es von Bedeutung, einen umfassenden Überblick über die verschiedenen Personen im Umfeld eines Jugendlichen und ihre jeweiligen Kompetenzen zu erhalten. Insbesondere im Hinblick auf die Qualifikationen der einzelnen Akteure wird deutlich, in welchen Bereichen Lehrkräfte entweder selbst Entscheidungen treffen können oder aber die professionelle Unterstützung durch andere Fachleute in Erwägung ziehen sollten, um sicherzustellen, dass die Schüler bestmöglich begleitet werden.

Eltern/Erziehungsberechtigte

Besonders bei Minderjährigen nehmen die Eltern oder Erziehungsberechtigten als Unterstützer eine zentrale Rolle ein. Sie begleiten den Jugendlichen im Alltag und vermitteln ihm Strategien im Umgang mit den täglichen Herausforderungen. Oftmals tragen sie auch die Verantwortung für die Organisation von medizinischer Versorgung und therapeutischer Unterstützung. Es ist wichtig anzumerken, dass sich das Familienleben in den letzten Jahren und Jahrzehnten erheblich verändert hat. Familien sind vielfältiger und diverser geworden, und dies hat Auswirkungen auf die Aufgaben der Eltern. In vielen Familien arbeiten beide Elternteile, es gibt zahlreiche Alleinerziehende und Familien mit bildungsfernen Eltern. Dies bedeutet, dass Eltern oft vor zusätzlichen Herausforderungen stehen, wenn es darum geht, die Bedürfnisse ihrer Kinder bestmöglich zu erfüllen und gleichzeitig die Verantwortung für die Erziehung und Unterstützung zu tragen. Die zunehmende Vielfältigkeit von Familienstrukturen erfordert eine individualisierte Herangehensweise bei der Unterstützung von Schülern mit psychischen Herausforderungen, da die familiären Ressourcen und Möglichkeiten stark variieren können. In solchen Situationen ist es für Lehrkräfte von großer Bedeutung, flexibel zu sein und eng mit den Eltern zusammenzuarbeiten, um die bestmögliche Unterstützung für den Jugendlichen sicherzustellen.

Tatsächlich fällt es Lehrern oft leichter, Anzeichen für eine sich entwickelnde Depression bei einem Schüler zu erkennen. In der häuslichen Umgebung durchläuft die persönliche Entwicklung von Jugendlichen während der Pubertät Veränderungen im Verhältnis zwischen Schüler und Eltern. Die Eltern können möglicherweise nicht sofort erkennen, dass der Rückzug des Schülers nicht nur auf die üblichen Konflikte im Rahmen des Loslösungsprozesses vom Elternhaus zurückzuführen ist, sondern dass der Jugendliche tatsächlich eine Depression entwickelt hat. Daher ist der Austausch von Eindrücken über die psychische Verfassung der Jugendlichen in der Schule auch für die Eltern äußerst wichtig. Anregungen für ein Gespräch mit Eltern und anderen Angehörigen werden in Abschnitt 2.2.5 gegeben.

Sozialpädagogen

Die Aufgaben der Sozialpädagogen bestehen darin, Schülern bei der Bewältigung ihres Lebens zu helfen. Sie bieten Unterstützung für individuelle Schüler oder auch kleine Gruppen, um sie in ihren speziellen Entwicklungsaufgaben zu begleiten. Die Qualifikation zur Tätigkeit als Sozialpädagoge erfordert ein Studium in Sozialer Arbeit. Es ist wichtig anzumerken, dass die Anzahl der Sozialpädagogen pro Schüler je nach Schulform stark variiert. Schulformübergreifend lässt sich jedoch feststellen, dass die Ressourcen für die Begleitung einzelner Schüler oft knapp bemessen sind. Insbesondere an Schulen in sozialen Brennpunkten führt der Fachkräftemangel zu einer dramatischen Unterversorgung. Dies hat zur Folge, dass Sozialpädagogen häufig vor der Herausforderung stehen, mit begrenzten Ressourcen eine umfassende Unterstützung für Schüler mit psychischen Herausforderungen bereitzustellen. Die Unterversorgung mit Sozialpädagogen kann sich negativ auf die Qualität der schulischen Unterstützung auswirken, insbesondere für Schüler, die auf zusätzliche Betreuung angewiesen sind. Dies unterstreicht die Dringlichkeit dessen, mehr Ressourcen und Fachkräfte in Schulen einzusetzen, um sicherzustellen, dass auch Schüler mit psychischen Herausforderungen angemessen unterstützt werden können.

Beratungslehrer

Zusätzlich dazu können Schüler, die Unterstützung benötigen, an andere unterstützende Stellen im schulischen System verwiesen werden, wie zum Beispiel an die Beratungslehrer (nicht zu verwechseln mit Vertrauenslehrern). Beratungslehrer an Schulen sind speziell ausgebildete Lehrerkollegen, die in der Lage sind, stabilisierende Gespräche zu führen und die Schüler bei der Suche nach externer professioneller Hilfe zu unterstützen. Abhängig von der Größe der Schule gibt es oft mehrere Kollegen, die diese Zusatzqualifikation besitzen. Häufig verfügen sie über eigene Beratungsräume und haben festgelegte Zeiten, während derer sie für Schüler und Eltern erreichbar sind. Beratungslehrer führen ihre Gespräche vertraulich und verfügen aufgrund ihrer Erfahrung als Lehrer über ein ausgeprägtes

Verständnis für die Sorgen und Bedürfnisse der Schüler. Beratungslehrer pflegen enge Kontakte zum weiteren Unterstützungssystem der jeweiligen Stadt oder des Bundeslandes, in dem sich die Schule befindet. Auf diese Weise können sie die Schüler bei der Suche nach angemessener Unterstützung durch landeseigene Beratungszentren oder externe Ärzte und Therapeuten begleiten. Für jeden Lehrer ist es daher äußerst hilfreich zu wissen, wer an seiner Schule als Beratungslehrer tätig ist und wie Schüler und auch deren Erziehungsberechtigte Kontakt zu diesen Beratungslehrern aufnehmen können.

Mental Health Coaches

An vielen Schulen Deutschlands haben interessierte Pädagogen die Möglichkeit, sich als Mental-Health-First-Aid-Coaches, auch MHFA-Ersthelfer genannt, fortzubilden. In diesen Kursen lernen die Teilnehmer, wie sie »Erste Hilfe« bei psychischen Erkrankungen in familiären, sozialen und beruflichen Kontexten leisten können. Diese Erste Hilfe besteht hauptsächlich darin, das Gespräch zu suchen, Unterstützung anzubieten und Informationen bereitzustellen.

Schulpsychologen

Schulpsychologen haben in der Regel ein Psychologiestudium mit einem Schwerpunkt in Schulpsychologie oder ein Lehramtsstudium in Verbindung mit Schulpsychologie absolviert. Ihre Aufgaben umfassen die Beratung von Schülern bei Lern- und Verhaltensauffälligkeiten sowie in psychischen Krisensituationen. Es ist wichtig zu beachten, dass Schulpsychologen keine therapeutische Ausbildung (z.B. zum Verhaltenstherapeuten) besitzen müssen und daher in der Regel keine psychischen Erkrankungen therapieren können oder dürfen. Ihre Arbeit konzentriert sich auf Beratung und Unterstützung. Schulpsychologen sind oft in Beratungszentren tätig, aber einige Schulen haben das Glück, eigene Schulpsychologen zu beschäftigen. Dies ist für Lehrkräfte eine erhebliche Entlastung, da kurze Wege und die Verfügbarkeit eines hauseigenen Schulpsychologen oft wertvolle Informationsquellen und Entscheidungshilfen im Umgang mit Schülern, die Unterstützung benötigen, darstellen.

Heilpraktiker für Psychotherapie

Im Gegensatz zu psychologischen Psychotherapeuten genießen Heilpraktiker für Psychotherapie die sogenannte »Therapiefreiheit«. Auf den ersten Blick mag dies positiv klingen, jedoch hat es den Nachteil, dass keine einheitlichen Qualitätsstandards gewährleistet sind. Als Heilpraktiker für Psychotherapie darf tätig sein, wer die Prüfung beim Gesundheitsamt erfolgreich abgelegt hat. Diese Prüfung beinhaltet zwar die Diagnosestellung, jedoch keine spezielle Therapieausbildung. Die Ausbildung in therapeutischen Techniken ist optional und nicht verpflichtend. Trotzdem bieten einige Heilpraktiker für Psychotherapie oft spezielle Therapieformen wie Hypnose, EMDR und ähnliche an. Diese Ansätze können hilfreich sein, aber es fehlt oft die Gewissheit bezüglich der Qualifikation und der Qualität der angebotenen Therapie.

Psychologische Psychotherapeuten für Kinder- und Jugendlichenpsychotherapie / Kinder- und Jugendpsychotherapeuten

Als Therapeuten stehen in erster Linie sogenannte psychologische Psychotherapeuten zur Verfügung. Diese durchlaufen eine umfassende Ausbildung, die – nach einer neuen Gesetzgebung – mit einem grundständigen Psychologiestudium beginnt. Nach dem Bachelorabschluss setzen die meisten Studierenden ihr Studium mit einem Masterstudium in klinischer Psychologie oder Psychotherapie fort. Dieser Teil des Studiums umfasst sowohl theoretische Schulungen als auch praktische Erfahrungen durch klinische Praktika. Nach Abschluss des Masterstudiums absolvieren angehende psychologische Psychotherapeuten eine spezialisierte mehrjährige Ausbildung in einer bestimmten psychotherapeutischen Methode, auf die sie sich dann als praktizierende Therapeuten spezialisieren. Sie haben normalerweise nicht die Freiheit, zwischen verschiedenen Therapieformen zu wechseln, sondern sind auf ihre spezifische Methode festgelegt. Angesichts der besonderen Herausforderungen bei der Diagnose und Behandlung von Depressionen im Kindes- und Jugendalter ist es in der Regel ratsam, dass minderjährige Schüler, bei denen der Verdacht auf eine Depression besteht, von einem Kinder- und Jugendpsychotherapeuten untersucht werden. Diese Fachleute verfügen über spezielle Kenntnisse und Erfahrungen in der Arbeit mit jungen Patienten und sind darauf spezialisiert, deren Bedürfnisse und Entwicklungsphasen angemessen zu berücksichtigen.

Vergleichbarer Beruf in Österreich: Psychotherapeuten mit Weiterbildung für Säuglinge, Kinder und Jugendliche

Vergleichbarer Beruf in der Schweiz: Fachpsychologen für Kinder- und Jugendpsychologie mit einer psychotherapeutischen Weiterbildung zum Fachpsychologen für Psychotherapie

Psychiater/Fachärzte für Kinder- und Jugendpsychiatrie bzw. -psychotherapie

Aufgrund der besonderen Schwierigkeiten bei der Diagnose und Behandlung von Depressionen im Kinder- und Jugendalter ist es äußerst empfehlenswert, minderjährige Schüler mit Verdacht auf eine Depression grundsätzlich von einem Facharzt für Kinder- und Jugendpsychiatrie und -psychotherapie untersuchen zu lassen. Kinder- und Jugendpsychiater sind medizinische Fachärzte, die speziell auf die Behandlung von psychischen Gesundheitsproblemen bei jungen Patienten spezialisiert sind. Sie sind befugt, medikamentöse Behandlungen für psychische Störungen zu verschreiben, wenn dies erforderlich ist. Darüber hinaus können sie auch eine Psychotherapie anbieten, obwohl diese normalerweise von psychologischen Psychotherapeuten durchgeführt wird. Die Ausbildung zum Kinder- und Jugendpsychiater ist äußerst umfangreich und umfasst zunächst ein grundständiges Medizinstudium an einer medizinischen Fakultät, das in der Regel etwa sechs Jahre dauert. Nach Abschluss des Studiums haben Absolventen die Möglichkeit, eine Doktorarbeit zu verfassen, die bei erfolgreicher Anerkennung den Titel »Dr. med.« verleiht. Dies ist allerdings nicht zwingend erforderlich. Anschließend erfolgt eine mehrjährige Facharztausbildung in Psychiatrie und Psychotherapie mit dem Schwerpunkt auf praktischer Ausbildung. Diese intensive Ausbildung befähigt Kinder- und Jugendpsychiater dazu, die komplexen Bedürfnisse und Entwicklungsphasen junger Patienten angemessen zu berücksichtigen und eine umfassende Behandlung anzubieten.

Vergleichbarer Beruf in Österreich: Fachärzte mit Diplom für Psychotherapeutische Medizin (Psy III)

Vergleichbarer Beruf in der Schweiz: Fachärzte für Psychiatrie und Psychotherapie (FMH)

Kinderärzte/Allgemeinärzte

Je nach Alter des Schülers kann die erste Anlaufstelle der langjährige Kinderarzt sein oder bei erwachsenen Schülern der Hausarzt bzw. Allgemeinarzt. Beide Ärzte verfügen über eine umfassende medizinische Ausbildung und haben fundierte Kenntnisse in der Diagnose verschiedener Gesundheitsprobleme, die in der hausärztlichen Versorgung auftreten. Insbesondere bei einer langjährigen Betreuung durch einen Arzt kann dieser eine wertvolle Ressource sein, um eine erste Diagnose zu stellen, körperliche Erkrankungen auszuschließen und den Patienten gegebenenfalls an einen weiteren Facharzt oder Therapeuten zu überweisen, der auf die spezifische Erkrankung und die individuellen Bedürfnisse des Patienten spezialisiert ist.

Überblick – Wer darf was?

Für einen besseren Überblick bietet Tabelle 4 eine Zusammenstellung der verschiedenen Berufsgruppen und ihrer spezifischen Möglichkeiten.

Berufsgruppe	Coaching/ Beratung	Diagnose	Therapie	Medikamente und Atteste	Selbstwirksamkeitserfahrung im Alltag ermöglichen
Allgemeinarzt	x	x	(x)	x	-
Psychiater	x	x	x	x !	-
Psychologischer Psychotherapeut	(x)	x	x	-	-
Heilpraktiker für Psychotherapie	(x)	x	(x)	-	-
Schulpsychologe	x !	(x)	-	-	-
MH-Ersthelfer	x	-	-	-	-
Beratungslehrer	x !	-	-	-	-
Sozialpädagoge	(x)	-	-	-	+
Klassenlehrer	-	-	-	-	+
Eltern	-	-	-	-	+
( ) = nur eingeschränkt möglich / unüblich			! = besonders dafür ausgebildet		

Tab. 4: Überblick über die Kompetenzen einzelner Berufsgruppen

2.2.2 Mit wem gehe ich in Kontakt?

Wenn Lehrkräfte bei einem Schüler Anzeichen für psychische Auffälligkeiten bemerken, ist es wichtig, zuerst zu entscheiden, mit wem sie diese Wahrnehmung teilen möchten. Wenn Unsicherheit darüber besteht, ob das auffällige Verhalten des Schülers mit dem Lehrer selbst oder seinem Fachgebiet zu tun hat, ist es ratsam, sich mit den Kollegen anderer Fächer im Klassenteam auszutauschen. Manchmal wird bereits in diesem Schritt klar, dass die Auffälligkeit fachbezogen ist und eine psychische Erkrankung wie eine Depression unwahrscheinlich ist. Im Anschluss an den kollegialen Austausch sollte der Lehrer Kontakt mit dem betreffenden Schüler aufnehmen. Die Art und Weise, wie dieser Kontakt gestaltet wird, ist in Abschnitt 2.2.4 beschrieben. Wenn der Schüler minderjährig ist, sollte in Betracht gezogen werden, die Eltern zu informieren und einzubeziehen. Selbst bei volljährigen Schülern kann die Einbeziehung der Eltern in Absprache mit den Schülern sehr hilfreich sein. Sobald mehrere Personen involviert werden, ist es vielen Schülern wichtig, dass sich ihre Erkrankung nicht für sie unkontrollierbar herumspricht. Insofern ist hier transparent zu kommunizieren; bestenfalls sind weitere involvierte Schulbeteiligte auf ihre Amtsverschwiegenheit noch einmal hinzuweisen.

Amtsverschwiegenheit und Schweigepflicht

Die meisten Lehrer wissen nicht, dass auch sie einer *Amtsverschwiegenheitspflicht* unterliegen. Klar ist, dass die Schule ohne Einwilligung keine Informationen über depressive Erkrankungen des Schülers weitergeben darf. Dies resultiert bei den Lehrkräften aus der *Amtsverschwiegenheit* und bei den Schulpsychologen aus der *Schweigepflicht*. Beides bedeutet, dass Informationen über einen Schüler, an welche die jeweiligen Personen im Rahmen ihrer beruflichen Tätigkeit gekommen sind, nicht ohne Einwilligung weitergegeben werden dürfen. Die Einwilligungen, die Fachpersonen für die Absprache miteinander benötigen, werden *Schweigepflichtsentbindungen* genannt. Sie dürfen nur vom Erziehungsberechtigten oder nach Einzelfall dem Jugendlichen[20] selbst ausgestellt werden.

Angesichts der Vielzahl von Therapiemöglichkeiten und des gleichzeitigen Mangels an Therapieplätzen sollte im Einzelfall erwogen werden, schulseitig Kontakt zu unterstützenden Stellen herzustellen. Abhängig von der Schulkultur und der eigenen hierarchischen Position müssen möglicherweise auch andere Kollegen informiert werden, insbesondere die Kollegen im Beratungsteam oder Vorgesetzte. Ein

20 Minderjährige ab 14 Jahre.

Referendar/Lehrer im Vorbereitungsdienst sollte sich beispielsweise mit seinem Mentor absprechen, ein Fachlehrer sollte den Klassenlehrer informieren, und in einigen Schulen erwarten Abteilungsleiter möglicherweise ebenfalls Informationen über Interventionen bei psychischen Erkrankungen. Diese Art der Information steht selbstständig neben der Kontaktaufnahme zu weiteren Hilfsstellen innerhalb des Systems, wie Beratungslehrern, Sozialpädagogen, Schulpsychologen und anderen. Die Entscheidung, solche Stellen einzubeziehen, liegt je nach Einzelfall im Ermessen der Beteiligten.

2.2.3 Wo und wann gehe ich in Kontakt?

Je nachdem, zu wem Sie zuerst Kontakt aufnehmen möchten, sind besondere Überlegungen anzustellen. Bei Kollegen und anderen im System arbeitenden Personen kann der Kontakt in der für Sie gewohnten Art erfolgen. Vielleicht haben Sie besondere Kooperationszeiten mit dem Klassenteam. Ansonsten eignet sich jeder Ort, an dem ungestört ein Gespräch geführt werden kann, oder selbstverständlich auch ein Telefonat oder ein E-Mail-Verkehr. Für den kollegialen Kontakt wünsche ich mir einen schonenden Umgang mit ihrer Zeit und ihren Ressourcen. Für unser Wohlergehen und das unserer Kollegen gilt es hier darauf zu achten, dass die Kontaktaufnahmen möglichst nicht in den Abendstunden oder am Wochenende erfolgen.

Das schulische Gespräch mit psychisch auffälligen Schülern sollte in einer Situation stattfinden, die Schutz und Vertraulichkeit bietet. Damit sich der Schüler nicht überfahren fühlt, ist es hilfreich, das Gespräch anzukündigen und sich dann auf einen bestimmten Ort für das Treffen zu einigen. Während die Gesprächsankündigung zumeist im Kontext des Unterrichts, also am Ende einer Schulstunde erfolgen wird, sollte das tatsächliche Gespräch nicht »zwischen Tür und Angel« stattfinden. Insofern wäre ein Zeitraum anzubieten, der pragmatisch gewählt, aber ausreichend ist. In einigen Schulen bietet sich hierfür eine längere Pause oder die Zeit nach Unterrichtsschluss an. Vielleicht haben Sie aber auch eine Freistunde, in der der betreffende Schüler in Absprache mit den Kollegen seinen Unterricht verlassen kann. Als Ort eignet sich jeder ruhige Raum, der bestmöglich vor Blicken schützt. Nicht alle Schulen haben Beratungs- oder Konferenzräume. Dies braucht es aber auch nicht. Ein leerer Klassenraum eignet sich genauso. Schön ist es, wenn Sie beide sitzen können.

Ich plädiere klar für eine Begrenzung auf die Tage der gemeinsamen Anwesenheit in der Schule und als Kontaktort für einen Raum innerhalb der Schule, nicht im neutralen Bereich (wie einem Café) oder gar im privaten Umfeld. Denn natürlich bedeuten diese Gespräche zusätzliche Arbeitszeit, die in Ihrem Arbeitszeitkonto nicht vorgesehen sein mag. Lehrer haben grundsätzlich das Problem stark entgrenzter Arbeitszeiten. Der eigentliche Unterricht stellt nur einen Bruchteil der Arbeitszeit dar, die sich naturgemäß durch Korrekturen und Unterrichtsvorbereitungen in die Nachmittage, Abende und ins Wochenende zieht. Die Begleitung besonders hilfsbedürftiger Schüler führt nach meiner Erfahrung und nach Berichten der Teilnehmenden an meinen Fortbildungen oft dazu, dass die Arbeitszeit derart ausgedehnt wird, dass sie bei den Kollegen massiven Stress verursacht. Lange Telefonate, teils am Wochenende, teils auch nachts, gepaart mit Überforderung durch starke Verantwortungsübernahme für die Sicherheit und das Wohlbefinden der Schüler führt auch bei Lehrern oft zu Erschöpfungszuständen. Insofern gilt es gerade in diesen sensiblen Bereichen psychischer Erkrankungen gut für sich selbst zu sorgen und sich bewusst zu entscheiden, ob man einen Kontakt außerhalb der Anwesenheitszeit in der Schule zulassen möchte.

Transferpause Dreischritt-Konzept:

Mit wem, wo und wann gehe ich in Kontakt?

Notieren Sie zu den ausgewählten Schülern Optionen für Zeit und Ort des Gespräches.

Notieren Sie weitere einzubeziehende Personen oder andere Besonderheiten.

2.2.4 Wie gehe ich in Kontakt? – »Zugewandte Ansprache«

Das anstehende Gespräch soll für unsere Schüler keinen Stress erzeugen, sondern von Beginn an eine Entlastung herbeiführen. So ist schon die nonverbale Kommunikation im ersten Kontakt von großer Bedeutung. Eine souveräne körperliche Ausstrahlung mit einer selbstsicheren und wertschätzenden inneren Haltung wirkt überzeugend und gibt Schülern das Gefühl, geschätzt und wahrgenommen zu werden. Die Körpersprache, die »Sprache des Körpers«, vermittelt, wie wir uns fühlen, was wir denken und wie wir die Situation bewerten. Nicht nur das, was wir sagen, sondern auch, was sichtbar und hörbar ist, wird vom Gegenüber interpretiert und bewertet. Dies läuft meist unbewusst und so schnell ab, dass dieser Vorgang gar nicht bewusst wahrgenommen wird (Timpner u. Eckert 2016, S. 12 f.). Wir wissen alle: »Wir können nicht *nicht* kommunizieren« (Watzlawick 2016, S. 13). Was dem Schüler hilft, sich dem Gespräch mit uns zu öffnen, sind:

- offene, zugewandte Körpersprache
- freundlicher Blickkontakt
- ruhige, einladende Gesten.

Wenn Sie davon ausgehen, dass sich der betreffende Schüler in einer psychischen Krise befindet, ist es wichtig, sich in eine innere Haltung des wertfreien Zuhörens zu versetzen, einfühlsam und aufrichtig zu bleiben und bereit zu sein, das, was das Gegenüber sagt, zu akzeptieren.

Im Folgenden illustriere ich einen möglichen Ablauf einer Kontaktaufnahme und eines Gesprächs mit einem Schüler. Das Vorgehen und auch die Formulierungen sollen dabei jeweils nur eine von vielen Möglichkeiten darstellen (die für möglichst viele Schülergruppen passt), wie man das Gespräch gestalten und welche Worte man wählen kann. Wenn Sie Ihre eigene Ansprache, Ihre eigenen Vorgehensweisen haben, dann können Sie in diesem Abschnitt reflektieren, ob es noch etwas Zusätzliches gibt, was Sie bedenken oder in Ihr Vorgehen einbeziehen wollen. In den Formulierungsbeispielen wechsele ich zwischen der Anrede mit »Sie« oder »Du«, was Sie natürlich an Ihre jeweilige Situation anpassen können.

Vorab sei festgestellt, dass es erfreulicherweise immer häufiger vorkommt, dass Schüler initiativ das Gespräch mit dem Lehrer suchen und ihm mitteilen, dass sie an einer psychischen Erkrankung leiden. Oder sie erklären ihm sogar, dass sie Medikamente einnehmen, und berichten, inwieweit sie durch Nebenwirkungen von Medikamenten auffällig oder in ihren Leistungen eingeschränkt sind. Wendet sich der betreffende Schüler in dieser Art an Sie, gilt es ihm für sein Vertrauen und den offenen Umgang mit der Erkrankung zu danken. Anschließend können Sie ihm das weitere pädagogische Handeln erläutern. Für alle anderen Schüler, die sich Ihnen noch nicht anvertraut haben, biete ich die folgenden Empfehlungen an.

Anbahnung des Gesprächs

Um den betreffenden Schüler nicht zu überrumpeln, ist es gut, das Gespräch anzukündigen. Dies kann mit einer Formulierung erfolgen wie:

> *»Ich würde gern abseits des Trubels hier ein kurzes Gespräch mit Ihnen führen. Können wir uns um* x *Uhr in Raum* y *treffen?«*

Dies kann beim Schüler vorübergehende Verunsicherung auslösen. Die Reaktion kann jedoch je nach der üblichen Praxis des Lehrers, Gespräche außerhalb des Unterrichts mit einzelnen Schülern zu führen, und abhängig von der Beziehungsebene variieren. Als Lehrer besteht hier die Möglichkeit, dem Schüler freundlich und ruhig zu versichern, dass es keinen Grund zur Besorgnis gibt.

Beginn des Gesprächs

Wenn Sie sich nun zur verabredeten Zeit in einem geeigneten Ort treffen, sollten Sie das Gespräch kurz einleiten. Wenn Sie Ihre Schüler duzen, können Sie beginnen mit:

> *»Ich freue mich, dass du gekommen bist. Such dir gern einen Platz aus: Wo magst du sitzen?«*

Wenn Sie den Schüler zu Beginn des Gesprächs nach seinem gewünschten Sitzplatz fragen, schaffen Sie eine entspanntere Atmosphäre und ermöglichen es dem Schüler, sich in der Situation kurz zu akklimatisieren. Es ist auch für den Schüler hilfreich, wenn er einen Moment hat, um sich zu orientieren, bevor er sich auf das Gespräch einlässt. Dann könnten Sie fortfahren:

> *»Ich möchte heute mit dir sprechen, weil ich mich sorge, dass es dir nicht gut geht.«*

Mit dieser Ankündigung weiß der Schüler, dass es nicht um das schultypische Thema Leistungserwartungen geht. Oft sind die Schüler an dieser Stelle erst etwas irritiert und erstaunt, da die Ankündigung eines solchen Gesprächsthemas ungewohnt für sie ist. Nach meiner Erfahrung ist es hilfreich, wenn man als Lehrer durch eine ruhige und freundliche Gestik und Mimik dem Schüler Sicherheit und Wohlwollen vermittelt.

Beschreibung der Wahrnehmung

Beschreiben Sie nun Ihre Beobachtungen auf eine Weise, die Ihre persönliche Wahrnehmung in den Vordergrund stellt. Dabei sollten Ihre Formulierungen auf objektiven Fakten oder beobachtbarem Verhalten basieren. Vermeiden Sie Spekulationen oder Interpretationen. Es ist wichtig, nichts vorzuwerfen oder gar Schuldzuweisungen zu machen. Die klare Kommunikation der Wahrnehmungen ermöglicht es, zunächst auf dieser Ebene die Eindrücke zu überprüfen. Eventuell wird der Schüler daraufhin einen nachvollziehbaren Grund nennen. Das beobachtete Verhalten könnte beispielsweise eine normale Reaktion auf eine spezifische Situation sein, wie Liebeskummer, den Verlust eines Haustiers oder gar eines Angehörigen.[21]

Sie könnten also Wahrnehmungen aus den drei Clustern benennen:

> *»Ich nehme seit einiger Zeit wahr, dass du weniger Interesse am Unterrichtsgeschehen zeigst.«*

> *»Ich nehme in letzter Zeit wahr, dass du Schwierigkeiten hast, dich zu konzentrieren.«*

> *»Ich nehme wahr, dass du in diesem Halbjahr stark an Gewicht verloren hast.«*

Selbstverständlich können Sie sich auch auf Angaben des Schülers berufen:

> *»Ich habe gehört, dass du dich negativ über dich selbst geäußert hast. Nach der letzten Klausur hast du mir gesagt, dass es dir nicht gut geht und du dich für einen Versager hältst.«*

Raum für den Jugendlichen

Nun geben Sie dem Jugendlichen Raum. Meist beginnen die Schüler sich direkt nach der Ansprache zu der Wahrnehmung des Lehrers zu äußern. Oft besteht ein Grund wie eine Trennung, ein finanzielles Problem, ein Krankheits- oder gar Todesfall in der Familie. Dies bedeutet nicht, dass der Schüler nicht an einer Depression leiden könnte, aber hier bietet sich das Zuwarten auf den Zustand nach Ende der konkreten Belastungsphase an. Wie bereits beschrieben, kann dies sehr individuell ausfallen. Sie könnten an dieser Stelle mit dem Jugendlichen vereinbaren, dass Sie sich weiter nach seinem Befinden

21 Zur Abgrenzung von Trauer zu Depression siehe Abschnitt 2.1.6.

erkundigen werden, und ihm Unterstützung innerhalb des Systems anbieten, wie an späterer Stelle besprochen.

Ein erheblicher Teil der Schüler schweigt nach der Ansprache. Schweigen mag zwar unangenehm erscheinen, doch möglicherweise benötigt der Schüler eine gewisse Zeit, um über das Gesagte nachzudenken. Dies kann für depressive Schüler eine Herausforderung sein, da sie oft Schwierigkeiten haben, ihre Gedanken in Worte zu fassen und ihre Gefühle zu artikulieren. Wenn man das Schweigen zu schnell unterbricht, kann es den Schülern schwerfallen, den Gesprächsfaden wieder aufzunehmen, was sich negativ auf das Vertrauensverhältnis auswirkt. Daher ist es ratsam, Redepausen freundlich zuzulassen. Sollte der Schüler keine Antwort finden, kann man behutsam eine Reaktion hervorrufen mit einer Frage wie:

»Wie geht es dir?«

Auf diese Weise lässt sich der Druck von den Schülern nehmen. Nach meiner Erfahrung gibt es auf diese Frage immer eine Reaktion. Schon durch diese ehrliche Anteilnahme sind viele Schüler sehr berührt. Häufig beginnen sie zu weinen, bevor sie ausdrücken können, was sie alles belastet und welches Leid sie gerade tragen. Schüler, die schweigen, sind oft so überfordert von ihrem eigenen Zustand, dass sie kaum glauben, dass eine externe Person verstehen könnte, wie es ihnen geht. Sie verstehen sich oft selbst nicht und haben bislang die Erfahrung gemacht, dass ihnen mit Unverständnis begegnet wurde. Hier gilt es sanft Verständnis zu bekunden und aktiv zuzuhören, zu paraphrasieren und die Schilderungen des Schülers mit den eigenen Wahrnehmungen im Gespräch abzugleichen sowie einen Unterstützungsvorschlag einzuleiten.[22] So könnte sich ein ähnlicher Dialog wie dieser entspinnen:

Schüler:

»Mein Vater ist vor zwei Jahren gestorben, und ich komme da irgendwie nicht drüber hinweg. Seitdem geht es mir schlecht und ich habe zu nichts mehr Lust und kann mich auch nicht mehr konzentrieren in der Schule.«

Lehrer ergänzt:

»Das verstehe ich. Die letzten zwei Jahre haben dich privat sehr gefordert und so war es unmöglich für dich, in der Schule die alten Leis-

22 Dieses und andere Beispiele bei Prior (2016), S. 50 f.

tungen zu zeigen. Nun müsstest du Wege finden, besser über den Tod deines Vaters hinwegzukommen, so dass du dich wieder etwas besser fühlst und mehr am Leben teilhaben kannst; ein bisschen wie früher, auch wenn das derzeit gar nicht vorstellbar ist.«

Aus meinen Fortbildungen weiß ich, dass einige Lehrer den Schüler sehr gern weiter explorieren möchten. Sie möchten herausfinden, ob der Schüler noch mehr Leid empfindet als das, was sie wahrnehmen konnten. Ich möchte dringend davon abraten, über die Kriterien der ICD zu versuchen, die Diagnosekriterien »abzuarbeiten«. Wenn man als Lehrer den Wunsch hat, dem Schüler in dieser Phase des Gesprächs noch mehr Raum zu eröffnen, bieten sich folgende Fragen an:

»Fühlst du dich schon länger als zwei Wochen niedergeschlagen?«

»Hast du das Interesse an Dingen verloren, die dir früher Freude bereiteten?«

»Bist du schneller müde?«

»Fällt es dir schwer, Dinge des Alltags zu erledigen?«

Diese Fragen zielen zwar auf das Vorliegen einer Depression ab, aber die Schüler erleben sie eher als empathische Anteilnahme. Werden hingegen einzelne weitere Kriterien der ICD abgefragt, könnten die Schüler zum einen befremdet sein, dass der Lehrer eine Arztrolle einnimmt, und zum anderen ein Abfragen von Symptomen als übergriffig empfinden.

Diese Phase des Gesprächs ist von großer Bedeutung für die Schüler. Ich nehme ausnahmslos große Dankbarkeit, Erschöpfung und Entlastung bei den Schülern wahr, die sich endlich gesehen und verstanden fühlen in all dem Leid, dem sie oft so hilflos und alleine gegenüberstehen.

Auf alle Schulformen bezogen ist auch dies die Phase, in der es »Entwarnung« geben kann. So kommt es vor, dass ein Schüler äußert, es gehe ihm gut, er sei montags jedoch immer sehr müde, weil sich sein Körper nach dem Feiern am Wochenende noch nicht ungestellt habe; er habe daher beschlossen, in einem einzelnen Fach keinen Einsatz mehr zu zeigen, weil er die Bewertung für sich als unerheblich eingeordnet habe. So würde sich ein Fall wie der 17-jährige Emil (Fall 5 in Abschnitt 2.1.15) im Hinblick auf das Vorliegen einer psychischen Erkrankung erledigen.

Unterbreiten des Unterstützungsangebots

Äußert der Schüler nun einen Leidensdruck, sollte ein individuelles Unterstützungsangebot unterbreitet werden. Gehen wir davon aus, dass der Schüler nach unserer Wahrnehmung mehrere Symptome einer Depression zeigt, könnten wir nach deren Verifizierung im Gespräch folgendermaßen fortfahren:

> »*Ich nehme deine Beschwerden ernst und ich möchte dich gern unterstützen. Es wäre wichtig, die von dir genannten Symptome* [... Symptome aufzählen] *ärztlich abklären zu lassen.*«

Dieser Vorschlag führt bei Jugendlichen häufig zu gemischten Gefühlen. Einerseits empfinden sie Erleichterung, dass eine andere Person, in diesem Fall der Lehrer, ihren emotionalen Schmerz erkannt hat. Andererseits erleben sie jetzt eine Bestätigung der Befürchtung, dass sie möglicherweise psychisch erkrankt sind. In dem Moment, in dem der Ratschlag lautet, sich einem Arzt anzuvertrauen, wird den Schülern klar, dass dies die nächste Herausforderung darstellt: die Wahl des geeigneten Arztes, der sowohl fachlich kompetent als auch eine Vertrauensperson ist, der sich die Schüler anvertrauen mögen. In den meisten Fällen sind unsere Schüler in einem Alter, in dem die Organisation medizinischer Unterstützung – falls überhaupt notwendig – noch vollständig von den Erziehungsberechtigten übernommen und koordiniert wird. Daher ist es hilfreich, den Übergang zu erleichtern, indem man in Absprache mit dem Schüler die Eltern informiert oder auf eine weitere schulinterne Person verweist, die im Prozess zusätzliche Unterstützung bieten kann.

Somit kann noch ergänzt werden, sofern schulisch realistisch:

> »*Ich kann einen Termin bei unserem Beratungslehrer/Schulpsychologen für dich vereinbaren und dir Telefonnummern und Adressen geben, die dich außerhalb der Schule unterstützen können.*«

In meiner Erfahrung ist es für die Schüler äußerst entlastend zu erfahren, dass ein Netzwerk aus verschiedenen Personen in der Schule existiert, die bereit sind, sich mit ihrem Leidensdruck auseinanderzusetzen. Dies vermittelt den Schülern nicht nur das Gefühl, ernst genommen zu werden, sondern sie erleben oft auch zum ersten Mal echte Anteilnahme und Verständnis für die Herausforderungen, mit denen sie im Alltag konfrontiert sind. Infolgedessen wird dieses Angebot in der Regel mit großer Dankbarkeit angenommen.

Falls der Schüler bereits in Therapie ist

Vorweg sei betont, dass wir als Lehrer keinen Anspruch darauf haben, Informationen darüber zu erhalten, wie ein Schüler diagnostiziert wurde oder welche Art von Therapie oder Medikamenten ihm verschrieben wurden. Es ist auch nicht ratsam, die Schüler durch Fragen in die Enge zu treiben, sodass sie sich im Gespräch gedrängt fühlen, solche Informationen preiszugeben. Ich halte es für absolut wichtig, die Privatsphäre des Schülers zu respektieren. Meine Formulierungen zielen darauf ab, Mitgefühl und Unterstützung auszudrücken, ohne in die persönlichen Angelegenheiten des Schülers einzudringen:

> *»Ich wünsche mir für dich, dass du alle Unterstützung hast, die du brauchst. Viele Schüler erleben psychische Herausforderungen und erhalten Unterstützung von Therapeuten oder stabilisierende Medikamente. Ob das bei dir der Fall ist, geht uns Lehrerinnen und Lehrer nicht an. Aber da du uns wichtig bist, hoffen wir, dass du außerhalb der Schule die Unterstützung erhältst, die du benötigst.«*

Häufig erwidern die Schüler einen solchen Satz mit einem erleichterten Lächeln, das zeigt, dass sie sich verstanden fühlen. Es drückt ihre Dankbarkeit dafür aus, dass ihre Entscheidung, sich professionelle Hilfe für ihr Leiden zu suchen, von ihren Lehrern positiv wahrgenommen und unterstützt wird. Dieses Lächeln spiegelt auch das Gefühl der Erleichterung, dass sie auf dem richtigen Weg sind, um ihre psychische Gesundheit professionell anzugehen.

Falls der Schüler angibt, bereits psychotherapeutisch oder psychiatrisch in Behandlung zu sein, sollte keine weiteren Interventionen von Beratungslehrern, Schulpsychologen oder Ähnlichem angeregt werden. Es bleiben Worte des Verständnisses. Sie könnten zum Beispiel formulieren:

> *»Ich nehme deine Erkrankung ernst und es erleichtert mich zu wissen, dass du professionelle Unterstützung hast.«*

Mit einer solchen Reaktion zeigen Sie, dass Sie sich Ihrer Rolle als Lehrer im Prozess der Unterstützung des Schülers bewusst sind. Dies ist ein Moment der Selbstbesinnung, in dem Sie darauf vertrauen können, dass der Schüler trotz seines auffälligen Verhaltens im Unterricht außerhalb der Schule professionell therapeutisch betreut wird. Ihnen bleibt die wichtige Aufgabe, eine qualitativ hochwertige pädagogische Unterstützung zu gewährleisten.

Vereinbarung weiterer Schritte

Am Ende eines Gesprächs bevorzuge ich einen Abschluss, der den Schülern Hoffnung und Zuversicht vermittelt. Eine Formulierung, die dem Schüler das Gefühl gibt, dass er nicht allein mit seinen Herausforderungen ist und dass er nach dieser schwierigen Phase seines Lebens wieder gesund und stabil seinen Alltag zu bewältigen vermag, könnte lauten:

> *»Lieber Schüler, ich kann nachvollziehen, dass die aktuellen Belastungen überwältigend sein können und du dich am liebsten zurückziehen möchtest. Aber ich möchte dir versichern, dass du mit diesem Gefühl nicht allein bist. Viele Schüler in deinem Alter durchleben ähnliche Situationen, auch wenn darüber oft nicht gesprochen wird. Deshalb wissen viele Menschen nicht, dass depressive Phasen sehr gut behandelbar sind. Mit angemessener Unterstützung wirst du gestärkt aus dieser Zeit hervorgehen.«*

In meiner Erfahrung reagieren die Schüler oft etwas skeptisch auf diese Aussage. Sie können sich zu diesem Zeitpunkt schlichtweg nicht vorstellen, dass sie sich einmal anders fühlen werden, als sie es gerade mit ihren Symptomen einer Depression tun. Dennoch oder gerade deshalb halte ich es für äußerst wichtig, als Lehrer zu vermitteln, dass ihr Leidensdruck derzeit lediglich auf einer behandelbaren Erkrankung beruht. Dabei möchte ich den Schülern das Vertrauen vermitteln, dass es ihnen besser gehen wird, wenn sie die Verantwortung für ihre psychische Gesundheit übernehmen und die Behandlung ihrer psychischen Erkrankung in Angriff nehmen bzw. weiterführen.

Gesprächsabschluss: Erste Schritte des Schülers

Am Ende eines Gesprächs sollte immer eine ausdrückliche Einigung über das weitere Vorgehen stehen. Hierbei ist es entscheidend, dass der Schüler das Vorgehen so formuliert, dass es für ihn stimmig ist.

Um dies anzuregen, bieten sich Fragen an wie:

> *»Wie möchtest du jetzt weiter vorgehen?«*
>
> *»Was genau machst du als Nächstes?«*
>
> *»Wen möchtest du noch diese Woche kontaktieren?«*
>
> *»Falls du mich auf dem Laufenden halten möchtest – wann teilst du mir deine weiteren Schritte mit?«*

Hierbei sei nochmal betont, dass wir Lehrer keinen Anspruch auf Informationen aus diesem privaten Bereich haben und Schüler nicht dazu gedrängt werden dürfen, sich zu offenbaren. Vielmehr geht es darum, dem Schüler ein Interesse an seiner Person zu vermitteln und ihm den Rücken zu stärken.

Wichtig ist, dass das weitere Vorgehen durch die Fragen so genau festgelegt wird, dass sowohl für den Schüler klar ist, was seine weiteren Schritte sind und wie er diese genau umsetzt, als auch für uns Lehrer sich eine deutliche Entlastung einstellt, indem wir unsere gefühlte Verantwortung für den weiteren Prozess auf unsere Schüler oder professionelle Dritte übertragen haben.

In der Regel schließe ich unsere Gespräche damit ab, dass ich meine weiteren pädagogischen Maßnahmen im Unterricht erläutere. Obwohl diese oft der gesamten Klasse zugutekommen, möchte ich dem Schüler damit verdeutlichen, dass ich auch im täglichen Unterrichtsalltag ein besonderes Interesse daran habe, ihn auf individuelle Weise zu unterstützen. Gleichzeitig möchte ich transparent machen, wie ich dabei vorgehe. Wenn es angebracht ist und meine Kapazitäten es erlauben, treffe ich zusätzlich individuelle Vereinbarungen, um den Schüler gezielt zu fördern. In Abschnitt 2.3.5 werde ich bewährte Unterrichtsmethoden vorstellen, die sich für solche Unterstützungsmaßnahmen eignen.

Transferpause Dreischritt-Konzept:
Notieren Sie sich skizzenhaft einen möglichen Ablauf Ihres Gesprächs.

Überweisung an Beratungslehrer

Falls beim Schüler konkrete Überforderung durch Alltagsthemen herrscht, ist die Weiterleitung an den Beratungsdienst anzuraten. Die Beratungslehrer haben mehr Zeit, einzelne Schüler fernab vom Unterrichtsgeschehen zu sprechen und mit ihnen zu überlegen, welche Strategien sie anwenden können und welche Unterstützung konkret hilfreich und umsetzbar ist.

Sonderfall Suizidgedanken

Das Vorurteil, dass sich ein Mensch, der von Selbsttötung spricht, nichts antut, ist erwiesenermaßen falsch. Wenn Sie den Verdacht hegen, dass ein Schüler suizidgefährdet ist, sollten Sie ihn darauf deutlich ansprechen. Sie können fragen:

»Geht es dir so schlecht, dass du über den Tod nachdenkst oder daran, dass es besser wäre, tot zu sein?«

»Hast du Gedanken, dass du dir etwas antun willst?«

»Hast du dir schon Pläne gemacht, wie du dir das Leben nehmen könntest?«

Eine Frage wie die letztere mag für Lehrer und andere Personen im Umfeld einer depressiven Person äußerst beängstigend sein. Dennoch zählt sie zu den entscheidendsten Fragen, die gestellt werden müssen, und sie dürfen keinesfalls vermieden werden. Die Befürchtung, dass das Ansprechen des Suizidthemas eine Provokation auslösen könnte, ist in der Regel unbegründet. Für Menschen, die suizidgefährdet sind, kann das Teilen ihrer quälenden Gedanken mit einer anderen Person eine Erleichterung darstellen. Es ist wichtig zu betonen, dass in Fällen akuter Suizidalität das Wichtigste für den Schüler darin besteht, nicht allein in der scheinbar aussichtslosen Situation zu verharren, sondern trotz eventuell vorhandener Scham- und Schuldgefühle sich jemandem anzuvertrauen.

Nach meiner Erfahrung löst diese Frage auch bei Schülern häufig neue Erkenntnisse aus. Es wird ihnen spätestens durch diese Frage bewusst, dass sie unter einer sehr ernst zu nehmenden Erkrankung leiden könnten. Ich stelle diese Frage nach Suizidgedanken daher regelmäßig, und ich habe es noch nie erlebt, dass sie nicht beantwortet wurde. Meistens haben Lehrer und Schüler das Glück, dass der Schüler sich eindeutig von Suizidgedanken distanzieren kann. Dennoch führt dies selbstverständlich nicht dazu, dass die Behandlung der Depression damit obsolet wird. Vielmehr wird an dieser Stelle nochmals deutlich, wie wichtig es ist, psychische Erkrankungen zu therapieren, bevor man den Punkt erreicht, an dem der Suizid eine Option wird.

Auch wenn Gedanken an den Tod und einen Suizid nur ein Symptom im kognitiven Bereich sein können, haben sie aufgrund ihrer Ernsthaftigkeit eine besondere Bedeutung. Bei Schülern mit Suizidgedanken muss SOFORT gehandelt werden, um sie vor den möglichen Folgen ihres eigenen Handelns zu schützen. Der Weg zur professionellen Behandlung kann dann Zeit und Geduld erfordern.

Wenn der Schüler äußert, in irgendeiner Weise schon über Suizid nachgedacht zu haben, oder gar schon Pläne gemacht hat und das Thema nicht eindeutig abgeschlossen ist, rate ich zu einer dem folgenden Text ähnlichen Reaktion:

»Ich erkenne, dass du an einem Punkt angelangt bist, an dem du dich überwältigt fühlst und dein Leben kaum mehr ertragen kannst. Wenn jemand den Gedanken hegt, sich das Leben zu nehmen, ist das ein äußerst ernst zu nehmendes Anzeichen für eine psychische Erkrankung. Bevor du jedoch einen endgültigen Entschluss fasst, ist es dringend notwendig, dass deine depressive Stimmung von einem medizinischen Fachmann behandelt wird. In deinem Fall ist eine umgehende ärztliche Hilfe erforderlich. Da ich keine Ärztin bin, werde ich nun alles unternehmen, um sicherzustellen, dass du professionelle Unterstützung erhältst. Könntest du mir versichern, dass du dir nichts antun wirst, bevor du dir ärztliche Hilfe geholt hast?«

Falls der Schüler es nicht schafft, das zu versprechen, kann so weiter reagiert werden:

»Es ist gut, dass du hier ehrlich bist. Dann lass uns dein Leben anders sichern. Okay? Ich würde jetzt einen Krankenwagen rufen. Viele haben in deinem Alter eine solche Krise und ich bin sicher, dass auch du aus ihr gestärkt hervorgehen wirst.«

Wenn ein Schüler in einer akuten Krise steckt und schnell Hilfe braucht, rufen Sie den Notarzt (Notrufnummer 112). Falls in Ihrer Schule ein Beratungslehrer spontan erreichbar ist, ziehen Sie ihn hinzu. Beratungslehrer sind für den Umgang mit Suizidalität genau geschult. Beginnen Sie dann ein Gespräch mit dem Schüler. Hören Sie zu und halten Sie das Gespräch in Gang. Lassen Sie den Schüler zu keinem Zeitpunkt allein. Auch für sie ist die Ernsthaftigkeit dieser Situation deutlich spürbar.

Ich erlebe die Schüler in solchen Momenten wie erstarrt. Die Geschehnisse scheinen sich für sie außerhalb ihrer selbst abzuspielen. Sie können sich häufig von der Umgebung entkoppeln und nehmen nur noch wenig daran teil. Dieses Verhalten ist eine klare Anzeige dafür, dass eine schnelle Überführung in professionelle Betreuung dringend notwendig ist.

Bei minderjährigen Schülern sollten Sie die Erziehungsberechtigten informieren und dabei bedenken, dass diese Situation auch für die Eltern eine Krise und oft eine große Überforderung darstellt. Geben Sie auch diesen Informationen, wo sie als Angehörige Hilfe bekommen können.[23]

23 Siehe Hilfeangebote im Anhang.

Was Sie nicht tun sollten bzw. eine Gefahr im Umgang mit Suizidalität darstellt:

- Vorschnelle Tröstung: Erliegen Sie nicht der Versuchung, die Situation zu beschönigen mit Sätzen wie »*Das wird schon wieder*« oder »*Es gibt doch vieles, was dir Spaß bringt*«.
- Ermahnungen: Durch Ermahnungen wie »*Das darfst du nicht denken*« entwickeln Jugendliche Angst, ihre Gedanken offen anzusprechen.
- In Panik verfallen: Eine unaufgeregte Atmosphäre vermittelt dem Jugendlichen Sicherheit.

Transferpause Dreischritt-Konzept:
Notieren Sie sich zur Erinnerung schlagwortartig weitere Optionen, die Sie dem Schüler anbieten können.

2.2.5 Anregungen für ein Eltern- und Angehörigengespräch

Je nach Alter des Schülers und der familiären Verhältnisse nehmen Gespräche mit Eltern und Angehörigen eine unterschiedlich große Rolle ein. Auch für die Eltern selbst stellt die Krise ihres Kindes eine große psychische Herausforderung dar. Gerade ihre Stabilität und ihr Halt sind für ihre Kinder in dieser Situation jedoch so wichtig. Insofern möchte ich kurz ein paar Eckpunkte skizzieren, die ich für hilfreich halte, um das häusliche System für unsere Schüler zu stärken.

Neben all den Punkten, die bereits zum Gelingen unserer Schülergespräche aufgeführt wurden (Zeit, Ort, Ankommen im Raum etc.), sind für mich folgende Eckpfeiler relevant:

- Gemeinsame Zielklärung

Wie in allen Elterngesprächen halte ich es für den wichtigsten Punkt, zu Beginn des Gespräches sicherzustellen, dass alle im Raum dasselbe Ziel verfolgen, nämlich die bestmögliche Unterstützung des – im Elternfall – minderjährigen Kindes.[24]

Ich leite deswegen dieses Gespräch tatsächlich ein mit einfachen Feststellungen wie:

24 Der Einfachheit halber wird in diesem Abschnitt weiter von Eltern und Kind geschrieben, was sich aber auch auf andere Angehörige, ggf. sogar Kollegen auf der einen Seite und auf bereits Volljährige auf der Kindesseite beziehen lässt.

»Schön, dass wir hier gemeinsam Zeit finden konnten und nun überlegen können, wie wir zusammen Ihr Kind bestmöglich unterstützen und begleiten können.«

Durch die bewusste Wahl von Wörtern wie »gemeinsam« und »zusammen« versuche ich deutlich zu machen, dass Schule und Eltern ein Team auf Augenhöhe sind. Ich möchte als Lehrkraft nicht das Vorurteil bestätigen, dass ich »von oben herab« alles besser weiß und in diesem Gespräch die Eltern nun »zur Verantwortung ziehen will«. Dies sind wohl die schlimmsten und für den Erfolg des Gespräches destruktivsten Befürchtungen, die Eltern haben können, wenn Gespräche mit Lehrkräften anstehen.

- Verständnis und Anteilnahme signalisieren

Im nächsten Schritt lasse ich den Eltern Raum, um über ihre eigene Situation zu sprechen. Ich möchte, dass sie sich verstanden fühlen. Da ich selbst Mutter bin, kann ich ahnen, wie beängstigend, überfordernd, belastend, geradezu herzzerreißend es für Eltern sein kann, wenn sie sehen, dass es ihrem Kind psychisch schlecht geht und sie oft in völliger Hilflosigkeit zusehen müssen, wie sich der Zustand nicht verbessert, sondern oft von Tag zu Tag schlimmer wird. So öffne ich den Raum, dass die Eltern sich anvertrauen können, aber ich versuche, nicht unerwünscht in ihre Privatsphäre einzudringen. Hier bietet es sich an, mit einer Feststellung einzusteigen und es den Eltern zu überlassen, inwieweit sie den Freiraum füllen möchten.

Sie könnten z. B. sagen:

»Ich kann mir vorstellen, dass das auch für Sie gerade eine sehr herausfordernde Zeit ist.«

Wenn Sie nun mit freundlichem, sanftem, zugewandtem Blick eine kleine Gesprächspause lassen, werden die Eltern diesen Raum in ihrem Sinne nutzen. Vielleicht antworten sie nicht, aber Sie entnehmen ihrer Mimik sicher Emotionen. Diese können von Traurigkeit, Überforderung bis hin zur Wut auf das Kind gehen. Die Wut, die erst einmal befremdlich wirken mag, lässt sich meines Erachtens damit erklären, dass die Eltern so hilflos sind, dass sie nicht ein noch aus wissen. Wut kann ein Zeichen von eigener Überforderung darstellen. Sie sagt: Ich will diese Verantwortung nicht – sie überfordert mich!

Meist berichten die Eltern von Situationen zu Hause. Sie berichten von ihren Versuchen, das Kind zu unterstützen, sie sind häufig emotional sehr betroffen. Es kann sein, dass sie weinen, weil seit langer Zeit auch sie einmal gefragt werden, wie es denn ihnen selbst geht.

Insofern halte ich mich in dieser Phase mit Bemerkungen zurück. Egal, wie die Reaktionen ausfallen, kann ich aber immer sagen: *»Ich verstehe Sie.«*

Für mich ist das alles in Ordnung so und ich halte es gut aus, den Eltern diesen Raum zu geben. Falls Ihnen als Lehrkraft der Umgang mit Elternemotionen zu viel ist, können Sie diese Phase überspringen. Auch hier gilt: An erster Stelle müssen auch Sie auf Ihre eigenen Ressourcen achten.

- Ressourcen des Kindes spiegeln

Im nächsten Schritt spiegele ich alle Ressourcen, die das Kind mit in den Prozess einbringt. Jeder Mensch, jedes Kind, egal, wie es ihm zurzeit geht, hat unendlich viele Fähigkeiten, die ihm helfen können, schwierige Zeiten zu meistern. Gerade in Zeiten der Krise liegt das Augenmerk allerdings komplett auf dem, was fehlt, an Leistung, Lebensfreude und Bewältigung alltäglicher Herausforderungen.

Diesen Punkt können Sie etwas vorbereiten, falls Sie im Ressourcenspiegeln noch nicht so geübt sind. Je nachdem, was den Tatsachen entspricht, könnten Sie nun beginnen mit Aussagen wie:

> *»Ich finde es beeindruckend, wie ausdauernd/gewissenhaft/verantwortungsbewusst Ihr Kind sich weiter bemüht, den Alltag aufrechtzuerhalten.«*

Oder:

> *»... sich um seine seelische Gesundheit sorgt und die Priorität auf Stabilisierung legt.«*

> *»Ich nehme Ihr Kind als sehr feinfühligen, empathischen Menschen wahr, der immer ein offenes Ohr für andere hat.«*

Hier können Sie auch auf Fähigkeiten aus »gesunden Zeiten« anknüpfen, z. B. Aussagen machen wie: *»Ihr Kind ist so eine reife/starke Persönlichkeit.«* Es helfen auch einfachere Formulierungen, die Sie mit Beispielen aus dem Unterrichtsalltag untermauern können. Gerade das Beschreiben von einzelnen Situationen im Unterricht oder in der Klassengemeinschaft sind Balsam für die Eltern, da sie zeigen: Die Lehrkräfte nehmen mein Kind nicht nur als leistenden Schüler, sondern auch als ganze Person mit all ihren liebenswerten und leistungsfähigen Eigenschaften wahr.

Natürlich ist es hilfreich, wenn Sie sowohl Fähigkeiten als auch Unterrichtssituationen ggf. auf den kulturellen Hintergrund des Elternhauses und Ihre Vorstellungen von den Fähigkeiten eines Kindes anpassen.

Zum Abschluss dieser Phase merke ich oft an, dass viele dieser Ressourcen, die das Kind mitbringt, etwas sind, was die Eltern ihm mitgeben konnten. Auch in Bezug auf die Eltern versuche ich bedingungslos wertschätzend zu sein.

- Überzeugung von positiver Entwicklung vermitteln

Eltern brauchen die Hoffnung, »dass alles gut wird«. Sie sind oft selbst so verzweifelt und ratlos, dass sie fürchten, dass das Kind es »nicht schafft«. Dabei sind die Eltern die wichtigsten Personen für das Kind. Wie schwer ist es für ein Kind, sich selbstwirksam zu fühlen, wenn die Personen, die es doch am besten kennen, nicht daran glauben, dass das Kind es schaffen kann. Insofern versuche ich als Lehrkraft, den Eltern den Halt zu vermitteln, den sie brauchen, um dem Kind die wichtigste aller Botschaften weiterzugeben, die da lautet:

> *»Es ist jetzt eine schwierige Phase, aber ich weiß, dass diese Phase vorbeigeht und du dich wieder gut fühlen und einen glücklichen Alltag leben kannst.«*

Natürlich ist mir dabei bewusst, dass es immer Kinder geben wird, die vielleicht ihr ganzes Leben unter Depressionen leiden werden oder gar einen Suizid begehen. Trotz allem halte ich es während des Unterstützungsprozesses für unabdingbar, vom Besten auszugehen und damit den Weg in die völlige Gesundung sowohl den Schülern als auch den Eltern als gemeinsame Überzeugung »einzupflanzen«.

So sage ich zu Eltern beispielsweise:

> *»Wie soll Ihr Kind daran glauben, dass alles gut werden wird, wenn Sie es ihm nicht zutrauen? Machen Sie Ihrem Kind das größte Geschenk, das Eltern ihrem Kind machen können: Glauben Sie daran, dass es alles schaffen kann, was es will.«*

Dies ist einer meiner wichtigsten Sätze im Elternkontakt. Diese Vorgehensweise mag polarisieren und Sie verspüren vielleicht Widerstand, weil ein solches Vorgehen Ihnen nicht entspricht oder Sie es aus für sich guten Gründen ablehnen. Entscheiden Sie frei für sich, wie eindringlich Sie im Gespräch auftreten wollen.

- Unterstützungsangebote transparent machen

Zum Ausklang des Gespräches bietet es sich an, auch den Eltern Unterstützung anzubieten. Hier ist es entscheidend, wie Ihre Schule strukturiert ist, z. B., wie gut das Beratungsteam aufgestellt ist im Hinblick auf Elternarbeit. Gut ist es auf jeden Fall, wenn Sie Eltern auf Wunsch auch externe Hilfsangebote zugänglich machen. Adressen dazu, auch für Angehörige finden sich im Anhang des Buches.

2.3 Pädagogisches Handeln

Wie können Lehrer ihren täglichen Unterricht im Klassenraum anpassen, um besser auf das vermehrte Auftreten von Depressionen bei Schülern einzugehen? Unser Fokus liegt dabei nicht nur auf Einzelschülern, sondern wir betrachten sowohl den Schulalltag in Klassen als auch die Arbeit mit Schülergruppen. Im schulischen wie auch im außerschulischen Kontext gibt es verschiedene Personengruppen, die dazu beitragen können, depressive Schüler zu unterstützen. Die Ansätze lassen sich dann auch auf den Ausbildungsalltag in Betrieben und das allgemeine Arbeitsleben übertragen.

Um unsere eigene Rolle und den Rahmen unserer pädagogischen Arbeit zu klären, analysieren wir die unterschiedlichen Professionen im Unterstützungssystem unserer Schüler und deren jeweilige Kompetenzen. Des Weiteren werfen wir einen Blick auf den Begriff der Resilienz sowie auf gängige Therapiemethoden, um daraus Ansätze für eine Unterrichtsgestaltung abzuleiten, die sowohl der Prävention von Depressionen dient als auch depressiven Schülern bestmögliche Begleitung bietet, um ihre psychische Gesundheit wiederherzustellen.

In diesem Zusammenhang ermutige ich dazu, kreativ zu denken, bestehende Grenzen zu überwinden und Raum für innovative Ideen zu schaffen, um den aktuellen Anforderungen gerecht zu werden.

Abschließend werde ich »Tabus« definieren, um aufzuzeigen, welche Verhaltensweisen vermieden werden sollten, um die Entstehung von Depressionen bei Schülern nicht zu begünstigen.

2.3.1 Pädagogen und Ausbilder sind keine Therapeuten – oder doch?

Aufgrund der stark gestiegenen Erwartungen an Lehrkräfte sind Unsicherheiten hinsichtlich ihrer Rolle weitverbreitet. Früher stand vorwiegend die reine Vermittlung von Fakten im Mittelpunkt. Das Hauptziel bestand darin, Wissen, Fähigkeiten und intellektuelles Wachstum zu fördern. Die Pädagogik befasste sich hauptsächlich mit Gruppen von psychisch gesunden Lernenden. Angesichts des zunehmenden Auftretens von psychischen Erkrankungen an deutschen Schulen ist es jedoch notwendig, die Rolle der Lehrer neu zu klären.

Aussagen wie »Pädagogen sind keine Therapeuten« höre ich oft in meinen Seminaren. Dennoch sehen sich Lehrer häufig mit Schülern konfrontiert, die Verhaltensauffälligkeiten zeigen. Darüber hinaus weisen viele Aspekte der Pädagogik Parallelen zur Therapie auf. Die Anforderungen an die Grundhaltung eines Lehrers ähneln oft denen eines Therapeuten, und es gibt pädagogische Werkzeuge, die in Therapiekontexten gleichermaßen verwendet werden.

Der Kern dieses Buches besteht darin, diese Schnittstellen zwischen Therapie und Pädagogik gezielt zu beleuchten. Dadurch können Ideen für einen Unterricht entwickelt werden, der sowohl der Prävention von Depressionen dient als auch depressiv erkrankte Schüler bestmöglich unterstützt und begleitet.

2.3.2 Ressourcen für eine Pädagogik abseits der Wissensvermittlung

Lehrkräfte von heute sollen Schüler in ihrer umfassenden Entwicklung unterstützen. Insofern stellt sich die Frage, wie Schüler mit psychischen Problemen im System Schule angemessen unterstützt werden können. Welche realistischen Handlungsmöglichkeiten stehen innerhalb des schulischen Rahmens zur Verfügung und welche Grenzen existieren?

Die Hauptaufgabe der Lehrer besteht nach wie vor darin, Wissen zu vermitteln, und die Arbeitszeit wird oft stark von der Unterrichtsvorbereitung, der Unterrichtsdurchführung und der Prüfungskorrektur geprägt. Zusätzlich zu diesen Kernaufgaben haben Lehrer auch zahlreiche weitere Verantwortlichkeiten wie das Erstellen von Zeugnissen, die Notenverwaltung durch Fachlehrer, die Kommunikation mit Eltern oder Ausbildungsbetrieben, die Organisation von Elternabenden, das Klassenmanagement und die Bewältigung von Disziplinproblemen. Normalerweise steht dem Klassenlehrer nur begrenzte Zeit, oft etwa eine Stunde pro Woche, für diese zusätzlichen Aufgaben zur Verfügung. In dieser knappen Zeit müssen auch die individuelle Unterstützung und Betreuung jedes einzelnen Schülers bewältigt werden, was die Überforderung verdeutlicht. In den letzten zwei Jahrzehnten sind die Anforderungen an Lehrer sowohl in fachlicher als auch in zeitlicher Hinsicht erheblich gestiegen.[25] Dies geschah jedoch in den meisten Bundesländern, ohne dass die Vergütung entsprechend angepasst wurde oder zusätzliche Zeit für die Unterstützung von Schülern mit psychischen Problemen eingeplant wurde. Dieses Buch unterstreicht die steigenden Anforderungen, denen Lehrer ausgesetzt sind, ohne dass dies angemessen berücksichtigt wurde.

2.3.3 Was können wir Lehrer von anderen Professionen lernen?

In den Fortbildungen habe ich mit vielen kompetenten Kollegen sowie Beratungs- und Förderlehrern zusammengearbeitet, um Wege zu finden, wie wir unsere Schüler optimal darin unterstützen können, Depressionen vorzubeugen. Es gibt wie oben schon geschrieben eine Vielzahl von Therapieansätzen zur Behandlung von Depressionen. Ähnlich vielfältig wie die Medikamentierungen sind auch die psychotherapeutischen Ansätze. In unseren Fortbildungen haben wir einige dieser Therapieformen genauer betrachtet, um Ideen zu entwickeln, die sich in Gesprächen mit den Schülern sowie bei der Gestaltung von Unterricht und Schule umsetzen lassen. Dabei ist aufgefallen, dass »guter« Unterricht bereits viele Elemente enthält, die auch in den untersuchten Therapieansätzen eine Rolle spielen. Im weiteren Verlauf dieses Buches (vgl. Abschnitt 2.3.5) werde ich einige dieser Therapieformen und Konzepte exemplarisch vorstellen und herausarbeiten, welche Erkenntnisse sie für unser pädagogisches Handeln liefern können. Es ist jedoch wichtig zu betonen, dass die Schule keine therapeutische Einrichtung ist und Lehrer als Pädagogen bestimmte Therapiemethoden nicht anwenden können oder dürfen, da sie die entsprechende professionelle Ausbildung nicht absolviert haben. Selbst wenn einzelne Lehrer therapeutische Zusatzqualifikationen haben, plädiere ich für eine Rollenklarheit. Die Verantwortung, die ein Therapeut einem kranken Schüler gegenüber übernimmt, sollte ein Lehrer nicht tragen. Nicht nur aufgrund des Konflikts, der sich durch die Bewertung ergibt, sondern auch, um sein Arbeitsfeld nicht noch weiter zu entgrenzen. Durch die Analyse der verschiedenen Therapieansätze wird jedoch auch deutlich, welche Verhaltensweisen von Lehrern problematisch oder gar krankmachend für Schü-

25 Vgl. Wiehe 2020.

ler sein können. Oft reicht es schon aus, diese Verhaltensweisen zu vermeiden oder durch konstruktivere zu ersetzen.

2.3.4 Vorüberlegungen zu den pädagogischen Handlungsoptionen

Therapeutische Interventionen stoßen in der schulischen Umgebung auf verschiedene Grenzen. Wie bereits mehrfach erwähnt, liegt im schulischen Alltag der Schwerpunkt auf der Vermittlung von Fachwissen und der Vorbereitung auf Klausuren und Prüfungen. Pädagogisches Handeln sollte diese Wissensvermittlung unterstützen. Infolgedessen orientiert es sich an wöchentlichen und täglichen Abläufen, an Lehrplänen und Unterrichtseinheiten und nur selektiv können Elemente aus therapeutischen Ansätzen situativ in den Unterricht integriert werden.

Leistungsanforderungen an depressive Schüler

Eine der herausforderndsten Aufgaben für Lehrer besteht darin, die schulischen Leistungen von Schülern mit psychischen Erkrankungen zu bewerten. Oftmals geht mit einer psychischen Erkrankung ein deutlicher Rückgang der schulischen Leistungen einher. Auch längere Fehlzeiten aufgrund von Klinikaufenthalten und ärztlichen Krankschreibungen machen es den Schülern schwer, dem Unterrichtsstoff zu folgen. Für die Bewertung der schulischen Leistungen gibt es klare Kriterien, die für alle Schüler in gleichem Maße gelten. Dass einige Schüler mit besseren und einige Schüler mit schlechteren Voraussetzungen starten, lässt das System grundsätzlich unbeachtet. So werden an einen zweisprachig aufwachsenden Schüler keine höheren Anforderungen in dem Fach seiner zweiten Sprache gestellt, und ein Kind, das Deutsch nicht als Muttersprache hat, bekommt genauso alle Orthografiefehler markiert. Ein Schüler, der adipös und asthmatisch ist, wird in Leichtathletik an den gleichen Zeiten, Weiten und Höhen gemessen wie ein Schüler, der in der Freizeit in einer Leistungssportmannschaft trainiert.

Gibt ein Schüler insofern an, an einer Depression zu leiden und ggf. auch schon von einem Arzt diagnostiziert zu sein, führt dies bei Lehrern möglicherweise zu einer großen Verunsicherung im Hinblick auf die Leistungsbewertung. In der Praxis geht es vor allem um den Umgang mit

- Prüfungen
- Referaten

- Hausaufgaben
- Fehlzeiten und Verspätungen.

Lehrer verzichten dann manchmal bei depressiven Schülern auf Leistungen wie z.B. Hausaufgaben oder lassen fehlende bzw. schlechte Leistungen nicht in die Benotung einfließen. Auch werden Schüler im Unterricht »geschont«. Sie werden zu anspruchsvollen Aufgaben seltener befragt und die Lehrer achten darauf, den Schülern so weit wie möglich entgegenzukommen. Die Vorteile, die ein Schüler aufgrund seiner Erkrankung bekommt, werden als *sekundärer Krankheitsgewinn* bezeichnet. Meist nehmen die Schüler diese »Sonderregeln« gern an, da depressive Personen oft weniger leistungsfähig sind und sich schneller überanstrengt fühlen.

Dieses Entgegenkommen kann den Schülern vorübergehend zwar Erleichterungen bringen, führt jedoch langfristig zu stärkeren schulischen Leistungsrückständen und möglicherweise auch zu sozialer Isolation. Die Entlastung bringt so also nicht nur kurzfristige Vorteile für den Schüler, sondern kann mittel- und langfristig zu einem zunehmenden Abkapseln der Schüler im Unterrichtsgeschehen und weiteren Leistungsminderungen führen.

Der Leistungsrückgang wird von allen Beteiligten meist als der Situation geschuldet und angemessen wahrgenommen und die Noten auf den Zeugnissen zeigen oft erst einmal kein auffallendes Absinken. D.h., psychisch kranke Schüler werden »durchgeschleppt«, wie es Lehrkräfte nennen. Dies ist auch für die Lehrer unbefriedigend.

Oft ist dieses »Durchschleppen« keine bewusste Entscheidung, sondern eine Folge der Überforderung. Lehrer sind sich zu unsicher, klare Erwartungen zu formulieren, schaffen keine Transparenz über ihre Leistungsbewertungen von Schülern in psychischen Krankheitsphasen und geben dann aus diesem schlechten Gewissen heraus Noten, die sie selbst nicht angemessen finden. Ich selbst kann mich da nicht ausnehmen. Auch meine eigene Überforderung an dieser Stelle war mit entscheidend für die Entstehung dieses Konzepts.

Die Schüler könnten so zu dem Schluss kommen, dass die Depression ihnen hilft, mit weniger Einsatz gleiche Benotungen zu bekommen, also eine (vorübergehende) Entlastung von schulischem Stress bedeutet. Es *scheint* alles gut zu laufen, tatsächlich ist dies eher nicht der Fall.

Es ist wichtig zu erkennen, dass eine solche Entwicklung dazu führen kann, dass Schüler professionelle Hilfe hinauszögern und sich in ihrer Krankheitssituation einrichten, anstatt die zugrunde liegenden Probleme anzugehen. Daher ist es von großer Bedeutung, neben individuellen Anpassungen an die schulischen Möglichkeiten eines depressiven Schülers klar zu kommunizieren und darauf zu bestehen, dass z. B. ärztliche Atteste für wiederholte Fehlzeiten vorliegen. Gleichzeitig sollten Lehrer mit Einfühlungsvermögen und Verständnis für die Schüler agieren und die Risiken des sekundären Krankheitsgewinns erläutern, um eine unterstützende Beziehungsebene aufrechtzuerhalten, die für die Schüler elementar wichtig ist. Als Lehrer könnten Sie dem Schüler etwa folgendermaßen erklären, wie Sie vorgehen werden:

> *»Ich habe Verständnis für deine Erkrankung und ich weiß, dass es für dich zurzeit schwierig ist, dein Potenzial voll einzusetzen. Trotzdem kann ich nur die Leistung bewerten, die du gerade zeigen kannst. Ich freue mich mit dir, wenn es dir wieder besser geht und du zeigen kannst, was in dir steckt.«*

Je nach vorhandener Reife kann dann weiter erklärt werden:

> *»Manchmal bleibt die Depression auch länger, wenn sie auf anderer Ebene eine zu große Erleichterung für den Erkrankten mit sich bringt. Insofern möchte ich dich lieber so unterstützen, dass du wieder Leistungen zeigen kannst, als dass ich dir in Zukunft keine Leistung mehr zutraue.«*

> Im Grundsatz gilt: Erleichterungen hinsichtlich Prüfungen, Referaten, Hausaufgaben nur mit Attest oder behördlich bestätigtem Nachteilsausgleich gewähren. Zudem sollte in einfühlsamer Weise eine derzeitige schlechtere Note gemeinsam mit dem Schüler als krankheitsbedingt eingeordnet werden.

In meiner Erfahrung zeigen die Schüler in solchen Momenten oft großes Vertrauen in den Lehrer und klammern sich förmlich an die Zuversicht, die der Lehrer ihnen in diesem Augenblick gibt. Es ist das Vertrauen in die Leistungsfähigkeit und die Gewissheit, dass der Schüler wieder gesund werden kann. Der Lehrer wird in diesen Phasen als verlässliche Begleitung wahrgenommen und vermittelt Sicherheit, auch wenn die schulischen Leistungen vorübergehend aufgrund der Erkrankung nachlassen.

Nachteilsausgleichsregelungen in deutschsprachigen Ländern

Im Einzelfall ist es für den Genesungsprozess der Schüler aber auch unerlässlich, aufgrund ihrer Erkrankung eine wesentliche Entlastung zu schaffen. Typische Begünstigungen sind Schreibzeitverlängerungen in Prüfungen, Verlängerung der Vorbereitungszeit oder Änderung der Prüfungsform. Welche Anforderungen für die Gewährung eines derartigen Nachteilsausgleichs gestellt werden, ist in den deutschsprachigen Ländern unterschiedlich. Daher werden diese im Folgenden kurz vorgestellt.

Regelungen in Deutschland

Die relevanten Regelwerke werden in den einzelnen Bundesländern unterschiedlich benannt, z. B. »Nachteilsausgleichsregelung« oder »Maßnahmen zur individuellen Unterstützung«, und unterscheiden sich auch in ihrem Vorgehen. Die Behandelnden müssen gemeinsam mit dem schulpsychologischen Dienst und der Schule besprechen, ob und wie diese Maßnahmen gewährt werden. Sie können diese in ihrer Schule erfragen bzw. in den Schulordnungen der Länder im Internet oder auf den Homepages der Landesregierungen einsehen.[26]

Regelungen in Österreich

In Österreich werden schulische Angelegenheiten auf Bundesebene geregelt. Die Nachteilsausgleichsregelungen werden für gewöhnlich über ein Ansuchen, das über die Schule des betroffenen Schülers gestellt wird, ausgestaltet. Die Regelungen können im Schulunterrichtsgesetz, insbesondere unter §20 SchUG, nachgelesen werden.

Regelungen in der Schweiz

In der Schweiz tragen überwiegend die Kantone die Verantwortung für die Regelungen der Schulen. Dementsprechend existieren je nach Kanton unterschiedliche Nachteilsausgleichsregelungen. Informationen gibt es dazu bei den Schulen oder bei den kantonalen Bildungsberatungseinrichtungen.

2.3.5 Anregungen für pädagogische Interventionen im Schulalltag

Im Folgenden werden ausgewählte Therapieansätze und Konzepte vorgestellt und ihr Nutzen für den pädagogischen Umgang mit depressiven Schülern beleuchtet.

26 Die Bayrische Schulordnung – BaySchO – ist zum Beispiel verfügbar unter: https://www.gesetze-bayern.de/Content/Document/BayScgO2016-33 [22.4.2024].

Ärztliche Therapieansätze und Medikamente

Erste Anlaufstelle für unsere psychisch auffälligen Schüler sollte ihr Kinder- oder Hausarzt sein. Insofern bietet es sich an, zu untersuchen, inwieweit die ärztlichen Interventionen geeignet sind, aus ihnen Schlüsse für unseren pädagogischen Umgang mit unseren Schülern im Schulalltag zu ziehen.

Grundgedanken der ärztlichen Erstversorgung und Therapie

Kinder- und Hausärzte sprechen den Verdacht aus, dass eine psychische Erkrankung vorliegen könnte, und stellen dann eine Diagnose nach dem Ausschluss körperlicher Ursachen. Die beiden Ärztegruppen, und natürlich auch Psychiater, bieten bei Bedarf im weiteren Verlauf eine medikamentöse Therapie an. Von den Medikamenten, insbesondere den Antidepressiva, erhoffen sie sich eine Stabilisierung des Jugendlichen, sodass er therapiefähig wird. (Ist die Depression zu schwer, ist es den Patienten oft unmöglich, geistig zu arbeiten, was die Grundlage der von den Krankenkassen anerkannten psychologischen Psychotherapieverfahren[27] ist.)

Wer bietet die medikamentöse Therapie an? Allgemeinmediziner, Psychiater

Welche Rückschlüsse lassen sich für den pädagogischen Kontext ziehen?

Hilfreich ist Lehrerhandeln,

- das psychisch auffälligen Schülern den Zugang zu ärztlicher Hilfe erleichtert;
- das psychische Erkrankungen entstigmatisiert;
- das Techniken zur psychischen Stabilisierung in den Unterricht integriert.

Zugang zur ärztlichen Hilfe erleichtern

Als Lehrer können wir einen großen Betrag dazu leisten, dass psychisch auffällige Schüler schneller professionelle Unterstützung für ihr Leid bekommen. Wenn wir die Schüler auf die eigenen Wahrnehmungen im Schulalltag ansprechen und sie begleiten durch Weiterleitung und Vergabe von Informationen, werden die Schüler unterstützt, ihr Leid ernst zu nehmen. Oft ist die Schule der erste Ort neben dem Elternhaus, an dem auffällt, dass ein Kind oder Jugend-

27 Zu diesen gehören die tiefenpsychologische Psychotherapie, die Psychoanalyse, die Verhaltenstherapie und die systemische Therapie.

licher mehr Unterstützung benötigt, als er zurzeit bekommt. Wie bereits beschrieben, ist es gerade während der Pubertät für Eltern oft weniger deutlich zu erkennen, welches Verhalten ihres Kindes im Rahmen der Abnabelung vom Elternhaus und der Identitätsfindung angemessen ist und was Merkmale einer psychischen Erkrankung sein könnten. So kann hier der Lehrer als Dritter von außen eine wichtige Position zur Vorbereitung der ärztlichen Diagnose liefern.

Entstigmatisieren

Um Schülern den Zugang zu einer Therapie zu erleichtern, ist es hilfreich, wenn die Schule einen Ort darstellt, an dem psychische Erkrankungen enttabuisiert werden. Lehrer können einen offenen und respektvollen Dialog über psychische Gesundheit in der Klasse fördern, indem sie psychische Störungen als gleichwertige Erkrankungen neben rein körperlichen Erkrankungen behandeln. Um in der Klasse bei Bedarf eine offene Aussprache zum Thema zu ermöglichen, ist es schon hilfreich, wenn in Lernentwicklungsgesprächen, Halbjahresgesprächen oder bei Elternabenden nicht nur über Fachliches oder schultypische Kompetenzen gesprochen wird. Viele Lehrer fragen schon hier das allgemeine Wohlbefinden ihrer Schüler ab, vielleicht mit einfachen Fragen wie: »*Wie geht es dir ansonsten?*« Jeder Lehrer könnte sich überlegen, ob er noch eine zusätzliche Frage im Hinblick auf die psychische Stabilität und mentale Strategien stellt. Einfühlsam gestellt, sollte sie den Raum eröffnen, über psychischen Leidensdruck zu sprechen. Ich bevorzuge dabei positive Formulierungen wie »*Wie gehst du mit dem Druck durch die anstehenden Prüfungen um?*« oder »*Wie konntest du das Nichtbestehen der letzten Prüfung verkraften?*«. Diese Art der Fragen lässt die Schüler sich auf ihre Fähigkeiten und Stärken besinnen und bietet daneben den Raum, auch eigene Überforderungen zu äußern.

In meinen Seminaren berichten die Lehrkräfte zudem davon, dass sie auch im Unterricht immer mehr Möglichkeiten sehen, wo sie das Thema psychische Erkrankungen ganz selbstverständlich mit einbinden können. Je nach Klasse, Fach und Alter gilt hier wie so oft: Wenn man selbst für das Thema sensibel ist, finden sich Anlässe. Das kann ein zu besprechender Fall im Unterricht sein, die Auswahl eines Films, einer Geschichte oder auch nur die Art, wie der Lehrer selbstverständlich über Erkrankungen wie Depressionen spricht, aber auch beispielsweise über Psychosen, wie sie viele unserer Protagonisten in der Lektüre im Deutschunterricht zeigen. Zudem können Lehrer sich an Anti-Stigmatisierungskampagnen beteiligen, an denen immer mehr Schulen teilnehmen. Während dieser Zeit stehen die psychischen Erkrankungen dann im Mittelpunkt. Gerade Schulen, die in diesem Bereich einen großen Bedarf haben, z. B. weil sie mit vielen von psychischen Erkrankungen betroffenen Schülern zu tun haben, können von so einer intensiven Maßnahme stark profitieren.

Techniken zur psychischen Stabilisierung integrieren

Studien haben ergeben, dass durch Meditation und Entspannungsübungen der Botenstoffwechsel im Gehirn auf natürliche Weise erhöht und stabilisiert werden kann (Goyal, Singh a. Sibinga 2014). Selbstverständlich können Interventionen im Unterricht keine medikamentöse Therapie ersetzen, aber sicherlich vermögen sie einen wertvollen Beitrag dabei zu leisten, die Schüler für den Zusammenhang zwischen ihren körperlichen und psychischen Befindlichkeiten zu sensibilisieren.

Integrieren Sie Achtsamkeitsübungen in den Unterricht, um Schülern zu helfen, im Moment präsent zu sein und Stress abzubauen. Zudem helfen diese Übungen der Selbstregulation, die auch ein wesentlicher Punkt in den anschließend vorgestellten Therapien ist.

Eine einfache Achtsamkeitsübung, die ein Lehrer mit seinen Schülern als Ritual durchführen kann, ist die »Atemzentrierung«. Diese Übung hilft den Schülern, sich auf den gegenwärtigen Moment zu konzentrieren und Stress abzubauen. Sie wird folgendermaßen durchgeführt:

- **Sitzkreis:** Schüler und Lehrer setzen sich im Kreis auf Stühle oder den Boden.
- **Atemfokus:** Der Lehrer erklärt, dass sie gemeinsam eine kurze Achtsamkeitsübung machen werden. Die Schüler werden aufgefordert, sich bequem hinzusetzen, ihre Augen zu schließen oder sanft auf einen Punkt in der Mitte des Kreises zu richten.
- **Atmung beobachten:** Die Schüler werden angewiesen, ihre Aufmerksamkeit auf ihren Atem zu richten. Sie sollen bewusst spüren, wie sie ein- und ausatmen. Dabei geht es weder darum, den Atem zu kontrollieren, noch ihn zu verändern: einfach beobachten, wie er kommt und geht.

- **Stille:** Für etwa 1–2 Minuten wird in Stille weitergeatmet. In dieser Zeit sollten die Schüler ihre Gedanken und Empfindungen beobachten, ohne sich von ihnen mitreißen zu lassen. Wenn sie abgelenkt werden, sollten sie sanft zur Atmung zurückkehren.
- **Abschluss:** Nach der Übung öffnen die Schüler ihre Augen oder richten ihren Blick wieder auf den Lehrer. Der Lehrer kann die Schüler ermutigen, kurz zu teilen, wie sie sich nach der Übung fühlen, ohne jedoch Druck auf sie auszuüben.

Wenn Ihnen ein eigenes Anleiten unangenehm ist und Sie einen Klassenraum mit Internetzugang haben, können Sie auch die dortigen Angebote nutzen: Es gibt zahlreiche Kanäle, auf denen kurze Meditationen und Entspannungsübungen angeboten werden. Es besteht auch die Möglichkeit, auf diese Weise zusammen mit der Klasse unterschiedliche Übungen zur Steigerung der Achtsamkeit, zur Reduktion des Stresserlebens, zur Muskelentspannung oder inneren Einkehr auszuprobieren.

Grenzen

Ein Lehrer darf unter keinen Umständen diagnostizieren und keine Empfehlung zur Einnahme von Medikamenten geben. Selbstverständlich ersetzt eine Meditation keine Medikamente und es darf nicht dieser Anschein vermittelt werden.

Tabu

Lehrer sollten niemals psychische Störungen verharmlosen oder unnötig Stress aufbauen.

Transferpause Dreischritt-Konzept:

Welche pädagogischen Ideen (Entstigmatisierung, Stressreduktion) setzen Sie schon im Unterricht um und welche der aufgeführten Tipps wären für Sie noch nutzbar?

Notieren Sie die Ideen, die Sie inspiriert haben, und freuen Sie sich über alles, was Sie den Schülern schon bieten.

Humanistische Gesprächstherapie nach Carl Rogers

Die humanistische Gesprächstherapie wurde herangezogen, eine moderne Pädagogik zu entwickeln, indem die Schülerzentrierung im Unterricht von der grundlegenden Haltung des Therapeuten abgeleitet wurde, wie Rogers sie in *Lernen in Freiheit* (Rogers 1974) beschrieben hatte.

Grundgedanken der humanistischen Gesprächstherapie

Die humanistische Gesprächstherapie von Carl Rogers aus den 1940er-Jahren basiert im Ansatz auf der Idee, dass Menschen das Potenzial zur individuellen Entwicklung haben. Rogers glaubte, dass das Erreichen dieses Potenzials und eine umfassende Selbstakzeptanz durch eine unterstützende und empathische therapeutische Beziehung ermöglicht werden. In seiner Form der Gesprächstherapie steht die Person im Mittelpunkt, und der Therapeut schafft eine nicht wertende, akzeptierende und empathische Umgebung, in der die Person sich selbst erkunden und verstehen kann. Zu den Schlüsselelementen gehören Empathie, bedingungslose Wertschätzung und Kongruenz seitens des Therapeuten, um eine offene und ehrliche Kommunikation zu ermöglichen (Rogers 2012).

Wer bietet diese Therapie an? Psychologische Psychotherapeuten mit Ausbildung zum Gesprächstherapeuten; Heilpraktiker für Psychotherapie

Welche Rückschlüsse lassen sich für den pädagogischen Kontext ziehen?

Hilfreich ist ein Lehrer,

- der ein gutes Klassenklima schafft;
- der Empathie zeigt;
- der sich um gute Kommunikation bemüht;
- der kongruent ist;
- der seine Schüler akzeptiert;
- der wertschätzend ist;
- der einen wertschätzenden Umgang in der Klasse fördert.

Ein gutes Klassenklima schaffen

Als Lehrer können Sie wesentlich zu einem guten Klassenklima beitragen, indem Sie etwa gemeinsame positive Aktivitäten fördern, Wert auf einen respektvollen und zugewandten Umgang miteinander legen und diesen vorleben. Als Tool ist hier an eine gemeinsame Erarbeitung von Klassenregeln zu denken.

Ein negatives Klassenklima kann im Gegensatz dazu beitragen, dass Schüler depressive Symptome entwickeln. Ein solches Klima ist z. B. geprägt von schlechten Beziehungen zwischen den Schülern untereinander und zwischen Schülern und Lehrern.

Empathie zeigen

Zeigen Sie echtes Interesse an den Bedürfnissen und Gefühlen Ihrer Schüler. Durch die folgende Art von Aussagen fühlen sich Schüler gesehen und verstanden:

»Ich kann mir vorstellen, wie anstrengend es für euch Berufsschüler ist, dass ihr nach der Schule noch bis abends in die Betriebe müsst.«

»Ich verstehe, dass es für euch sehr herausfordernd ist, dass ihr in Mathe wieder einen Lehrerwechsel hattet.«

»Ich habe den Eindruck, dass ihr sehr müde von den Klausurwochen seid und dringend Ferien braucht.«

»Ich kann mir vorstellen, dass euch der schlechte Schnitt der letzten Arbeit stark frustriert hat.«

Aber auch:

»Ich freue mich sehr für euch, dass ihr so gut durch die Prüfungen gekommen seid.«

»Ich bin mit euch ganz aufgeregt, wie die Klassenreise wird.«

»Ich habe den Eindruck, dass ihr gerade richtig Power habt und bereit seid, euch [in meinem Fach] richtig ins Zeug zu legen.«

Ein weiteres Mittel, das nicht nur den Anforderungen an guten Unterricht entspricht, sondern auch das Interesse an den Bedürfnissen und Herausforderungen der Schüler verdeutlicht, besteht darin, im Unterricht Fallbeispiele zu wählen, die aus dem Alltag der Schüler stammen. Wenn Sie sich dabei um größtmögliche individuelle Anpassung bemühen, fühlen die Schüler sich gesehen und in einem Stück ihrer Lebenswelt verstanden.

Sich um gute Kommunikation bemühen

Hören Sie aktiv zu und sorgen Sie dafür, dass sich die Schüler verstanden fühlen. Jeder Mensch möchte wahrgenommen werden. Richten Sie Ihre Aufmerksamkeit auf Ihr Gegenüber und zeigen Sie Interesse durch offene Körpersprache, Blickkontakt und zustimmendes Nicken. Wiederholen Sie in eigenen Worten, was gesagt wurde, um sicherzustellen, dass Sie den Schüler richtig verstanden haben. Dabei sollten Sie vermeiden, lediglich das Gesagte des Schülers wiederzugeben, wie es im »Lehrerecho« geschieht. Versuchen Sie auch bei falschen Antworten, die Perspektive des Sprechers nachzuvollziehen.

Schließlich, als anspruchsvollste Aufgabe: Geben Sie konstruktives Feedback oder Antworten, die zeigen, dass Sie das Gesagte verstanden haben. Manchmal benötigen Schüler Zeit, um ihre Gedanken zu sortieren. Seien Sie geduldig und lassen Sie ihnen Raum.

Kongruent sein
Seien Sie authentisch und teilen Sie Ihre Gedanken und Gefühle mit den Jugendlichen. Dies fördert Vertrauen und offene Kommunikation. Zudem erleichtert es die Schüler, wenn sie sehen, dass auch Lehrer nicht alles unter Kontrolle haben, dass auch sie mal scheitern. Auch wir Lehrer vergessen mal Unterlagen und ärgern uns über uns selbst. Auch wir Lehrer sind mal verwirrt und müssen uns erst einmal sammeln, um einen Faden wieder aufzunehmen. Auch wir Lehrer sind mal frustriert, wenn es in der Schule nicht so läuft, wie wir uns das vorgestellt oder geplant haben. Die Gefühle, die wir dann haben, müssen wir nicht gänzlich überspielen. Wir können und sollten partiell auch zeigen, dass uns Situationen herausfordern. Dann können die Schüler beobachten, welche Strategien die Lehrer verwenden, um mit diesen Situationen umzugehen. Oft schaffen genau diese Augenblicke, in denen ein Lehrer als »Mensch« durchscheint, besondere Bindung und Vertrauen.

Seine Schüler akzeptieren
Akzeptieren Sie Ihre Schüler bedingungslos und ohne Vorverurteilung. Lehrkräfte können Vorurteile gegenüber ihren Schülern vermeiden, indem sie jeden Schüler als einzigartiges Individuum betrachten und seine Handlungen sowie Leistungen mit Offenheit und Verständnis annehmen: mit Geduld und Empathie, dem Einnehmen verschiedener Perspektiven sowie Aufmerksamkeit für die individuellen Bedürfnisse jedes Schülers.

Achten Sie auf eine gender- und rassismussensible Sprache.

Leider habe ich in diesem Buch selbst die Erfahrung machen müssen, wie schwierig eine gendergerechte Sprache in einem schriftlichen Text umzusetzen ist, da ich darin nicht geübt bin. Insofern habe ich mich aus Gründen der Lesbarkeit dann doch entschieden, im generischen Maskulinum zu schreiben. Im Unterrichtsalltagalltag empfinde ich es hingegen für uns Lehrer zumutbar, die Selbstbezeichnungen und Präferenzen von Menschen in Bezug auf ihre geschlechtliche Zuordnung und in Bezug auf ihre ethnische Zugehörigkeit zu respektieren. Den betreffenden Personen bedeutet diese Aufmerksamkeit viel, und sie trägt zu einem vertrauensvollen Verhältnis bei.[28] In meinem Berufsalltag habe ich nicht nur mit jungen Frauen und Männern zu tun, sondern sowohl in der Schüler- als auch in der Lehrerschaft mit nonbinären Personen, also Personen, die sich keinem Geschlecht zuordnen. Insofern reicht mir für eine höfliche Ansprache nicht einmal die weibliche oder männliche Form. Im Ausbildungskontext formuliere ich z. B.:

»Liebe Schüler:innen, …«

»Liebe Schülerinnen und Schüler, hallo Alex …«

Beruhigend kann ich ergänzen, dass es im persönlichen Gespräch mit nonbinären Personen keine sprachlichen Anpassungen braucht und die Herausforderungen nur bestehen, wenn man eine diverse Gruppe anspricht oder über eine nonbinäre Person mit Dritten spricht.

Hinsichtlich der Diversität in der Herkunft unser Schüler möchte ich kurz die wichtigsten Begriffe vorstellen (ausgenommen solche, die seit Jahren allgemein als diskriminierend bekannt sind).

Der oft verwendete Begriff »Menschen mit Migrationshintergrund« entstammt der Verwaltungssprache. Als infolge des neuen Staatsangehörigkeitsrechts im Jahr 2000 viele Personen eingebürgert wurden, traf die Bezeichnung »Ausländer« nicht mehr zu, um Eingewanderte und ihre Nachkommen zu beschreiben. Heute wird der Begriff oft als stigmatisierend empfunden, weil damit mittlerweile vor allem (muslimische) »Problemgruppen« assoziiert werden (Amnesty International Deutschland e. V. 2023).

Alternative Bezeichnung: *Menschen aus eingewanderten Familien* oder *Menschen mit internationaler Geschichte*[29]

Auch sollte bei Personen, die im Ausland geboren wurden, und aufgrund von unzumutbaren Zuständen wie Krieg oder Verfolgung in ihrem Heimatland nach Deutschland gekommen sind, nicht von »Migranten« oder gar »Asylanten« gesprochen werden. Rechtsradikale und Rechtsextreme nutzen diese Begriffe, die die Flucht als etwas Freiwilliges darstellen.

---

28 Näheres zur gendergerechten Sprache und Orientierung im Umgang mit queeren Kindern finden Sie in: Carl u. Kolb (2023), S. 28 ff.

29 Der Begriff der »internationalen Geschichte« wurde geprägt durch El-Mafaalani (2018).

Alternative Bezeichnung: *Geflüchtete*

Auch sollten Menschen nicht mehr als »Farbige« bezeichnet werden. Dahinter verbirgt sich eine koloniale Fremdbezeichnung, die *Schwarze Menschen* und *People of Color* als Abweichung von der »weißen Norm« betrachtet. Als rassistische Bezeichnung wird ebenso der Begriff »Dunkelhäutige« abgelehnt.

Alternative Bezeichnung: *People of Color* (PoC) oder *Black People of Color* (BPoC)

Vermeiden Sie stereotype Darstellungen von Menschen aufgrund ihrer Rasse oder ethnischen Herkunft. Oft passiert es in Arbeitsblättern, dass bestimmte Personengruppen in stereotypen Situationen beschrieben werden. Hier hat es einen kulturellen Wandel gegeben und die jüngere Generation stört sich – zu Recht – an solchen Kategorisierungen, gerade weil sie zudem oft Vorurteile bedienen: »Frauen sind technisch nicht begabt«, »Männer mögen Fußball und Autos«, »Brillenträger sind schlau«, »Mädchen mögen Rosa« – derlei Sprüche kennen Sie selbst genügend.

Seine Schüler wertschätzen

Die Wertschätzung ist ein zentraler Aspekt in der gesamten Kommunikation. Wertschätzung und Lob sind zwar verwandte Konzepte, unterscheiden sich jedoch darin, dass Wertschätzung eine umfassendere Form der Anerkennung darstellt. Ein typisches Lob wie »Das hast du gut gemacht« bezieht sich auf eine bestimmte Leistung. Wertschätzung ist eine tiefere Form der Anerkennung und Achtung für eine Person. Oft ist diese nicht auf einen Erfolg, sondern auf den Prozess ausgerichtet und benennt bestenfalls sehr individuelle Bemühungen oder das besondere Wesen einer Person in positiver Weise. Sätze der Wertschätzung tragen dazu bei, positive Beziehungen aufzubauen und zu pflegen. Die Wertschätzung gegenüber einer ganzen Klasse trägt dazu bei, ein positives Arbeits- oder Teamumfeld zu schaffen und die Motivation und das Engagement der Mitglieder zu stärken.

Mögliche Sätze der Wertschätzung gegenüber einer Schülergruppe oder Klasse:

»Es ist großartig zu sehen, wie ihr als Klassenteam zusammenfindet und euch weiterentwickelt. Ich freue mich auf die nächste Zeit / das nächste Schuljahr mit euch.«

> *»Ich schätze die Vielfalt und die Perspektiven, die jeder Schüler in dieser Klasse in den Unterricht mit einbringt.«*
>
> *»Vielen Dank, dass ihr so flexibel und anpassungsfähig seid. Das macht eine Zusammenarbeit so reibungslos und entspannt mich sehr.«*

Mögliche Wertschätzungssätze gegenüber einzelnen Schülern:

> *»Deine Idee* [oder: *dein Beitrag*] *ist wirklich wertvoll.«*
>
> *»Ich möchte dir für deine Geduld danken.«*
>
> *»Deine Hilfe hat einen großen Unterschied gemacht und ich bin dir wirklich dankbar.«*
>
> *»Du bist eine inspirierende Person und ich bewundere deine Stärke.«*

Die Wertschätzung der Person findet auch noch eine besondere Herausforderung bei der Bewertung. Oft haben Schüler das Gefühl, dass ein Lehrer, der sie schlecht bewertet, dies auch tut, weil er sie nicht mag, oder dass ein Lehrer schlechteren Schülern weniger Wert beimisst. Diesen Gefühlen sollten Lehrer unbedingt entgegentreten oder besser noch vorbeugen. Dies ist möglich, indem Lehrer verdeutlichen, dass sie die aktuelle Leistung und nicht die Person bewerten. Auch wenn alle Schüler gleichbehandelt werden sollten, lege ich besonders viel Wert auf eine gute Beziehung zu den Schülern mit schwächeren Leistungen. Oft ist es heilsam, wenn bei schlechten Benotungen die Bewertung nochmals eingeordnet wird als das, was sie ist. Man kann z. B. erinnern:

> *»Mit dieser Arbeit habe ich in meinem Fach bewertet, wie gut du in dem Thema x die Methoden xy anwenden konntest. Ich habe damit nicht bewertet, wie schlau du bist, und ich habe damit auch nicht bewertet, was ich dir zutraue an Leistung oder wie sehr ich dich mag.«* Eventuell weiter, wenn es passend und vertretbar ist: *»Denn dann hättest du eine ganz andere / viel bessere Note.«*

Wertschätzung in der Klasse fördern

Auch für die Klasse als Ganzes kann man als Lehrer viele wertschätzende Momente etablieren. Insbesondere eignet sich dafür die Kritikphase nach Präsentationen. Es wird oft erwartet, dass die Klasse Feedback gibt. Hier bietet sich die konsequente Anwendung des sogenannten »Feedback-Burgers« für die Rückmeldung zu den Leistungen einzelner oder auch von Gruppen an (vgl. Abb. 4). Beim

Feedback-Burger gibt das Plenum zuerst eine wertschätzende Rückmeldung (»die untere Hälfte vom Brötchen«), z. B.:

> *»Mir hat deine Präsentation sehr gut gefallen, da du alles sehr anschaulich präsentiert hast.«*

Dann folgt konstruktive Kritik (»das Fleisch«), beispielsweise in der Form:

> *»Ich hätte mir gewünscht, dass du langsamer gesprochen hättest.«*

Das Feedback schließt mit einer positiven Bemerkung ab (»die obere Hälfte vom Brötchen«):

> *»Ich habe das Thema aber sehr gut verstanden, was vor allem an deiner motivierenden und begeisternden Art lag.«*

So lernt die Klasse, wertschätzende Rückmeldungen zu geben, und wird sensibilisiert dafür, dass ihre Mitschüler bei aller Kritik auch immer ein angemessenes Gegengewicht an Zuspruch und Anerkennung bekommen.

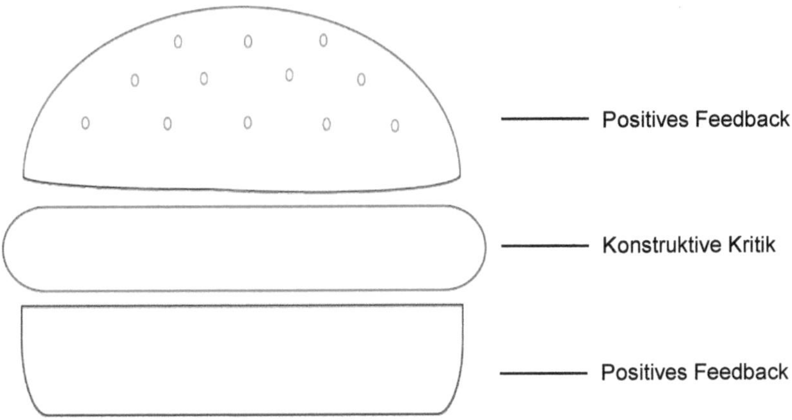

Abb. 4: Der Feedback-Burger als Methode für Rückmeldungen

Lehrer können außerdem die Methode der »warmen Dusche« in ihren Klassen einführen. Dies ist eine zwar ungewohnte, aber wirkungsvolle Methode zur Wertschätzung und Anerkennung von Schülern. Um sie erfolgreich anzuwenden, halten Sie nach Gelegenheiten Ausschau, bei denen Schüler Lob, Dank oder Unterstützung verdienen, sei es für herausragende Leistungen oder positives Verhalten. Loben Sie dann Schüler spezifisch und benennen Sie, was sie gut gemacht haben. Die »warme Dusche« kann mündlich, schriftlich oder durch kleine Gesten der Wertschätzung erfolgen. Diese kann insoweit ausgedehnt werden, als anschließend die ganze Klasse aufgefordert wird, einem Schüler, einer Gruppe von Schülern oder sich allen untereinander eine solche Wertschätzung zuteilwerden zu lassen. Oft tun sich die Schüler bei der Neueinführung eines solchen Wertschätzung-Tools etwas schwer, sie sind es nicht gewohnt, einander zu loben. Nach meiner Erfahrung überwinden die Schüler diese Hemmung aber recht schnell und genießen den anderen Fokus aufeinander, gerade auch, weil sie wissen, dass nicht nur sie Wertschätzung geben, sondern auch gewährleistet ist, dass mit ihnen ebenso umgegangen wird.

Grenzen

Ein Lehrer steht im Allgemeinen vielen Schülern gegenüber, sodass seine Aufmerksamkeit und Zuwendung immer geteilt sind. Ein Lehrer kann nicht einem einzelnen Schüler den größten Teil seiner Aufmerksamkeit schenken. Gezieltes Interesse oder Anteilnahme sind als Ausdruck der Empathie insofern nur situationsbezogen und nicht fortlaufend im Unterrichtsgespräch möglich. Auch sollte die Begleitung auf die Schulzeit und ggf. noch besonders definierte Kontaktzeiten begrenzt bleiben. Dies gilt an dieser Stelle ebenso wie auch für alle anderen Therapieformen, die im Folgenden beleuchtet werden.

Tabu

Lehrer sollten Sätze vermeiden, die ausdrücken, dass man kein Verständnis hat, wie z. B.:

»Das ist nicht mein Problem.«

»Das ist dein Problem.«

»Du solltest dich nicht so anstellen, das ist nicht so schlimm.«

»Du bist zu sensibel. Kritik sollte dich nicht so mitnehmen.«

Vermeiden Sie es, den Schülern das Gefühl zu geben, dass sie nur so viel wert wären wie die Noten, mit denen Sie sie bewerten.

Lehrer sollten Kongruenz zwischen ihren Gefühlen und ihrem Ausdruck zeigen. Wenn jemand behauptet, zufrieden zu sein, aber sein Gesichtsausdruck oder die Körpersprache zeigt, dass er tatsächlich traurig oder verärgert ist, wird er als unehrlich und nicht vertrauenswürdig wahrgenommen.

Lehrer sollten ausnahmslos Begriffe vermeiden, die rassistisch, sexistisch, homophob, transphob, behindertenfeindlich oder auf andere Art und Weise diskriminierend sind.

Transferpause Dreischritt-Konzept:

Welche pädagogischen Ideen im Sinne der Gesprächstherapie nach Rogers verwirklichen Sie schon im Unterricht und welche der aufgeführten Ideen wären für Sie noch umsetzbar?

Notieren Sie die Ideen, die Sie inspiriert haben, und freuen Sie sich über alles, was Sie den Schülern schon bieten.

Kognitive Verhaltenstherapie nach Aaron T. Beck

Die kognitive Verhaltenstherapie ziehe ich als inspirierende Quelle für unser pädagogisches Handeln heran, da sie die am häufigsten zur Behandlung von Depressionen eingesetzte Therapieform ist.

Grundgedanken der kognitiven Verhaltenstherapie

Der Begründer der kognitiven Verhaltenstherapie (KVT) ist Aaron T. Beck. Er entwickelte diese Therapieform in den 1960er-Jahren. Die KVT basiert auf der Idee, dass unsere Gedanken, Überzeugungen und Interpretationen unsere Verhaltensmuster beeinflussen. Beck arbeitete daran, depressive Patienten zu verstehen, und entwickelte Techniken, um ihre negativen Denkmuster zu identifizieren und zu verändern. Als Kern der KVT gilt die *kognitive Umstrukturierung*. Dabei lernen Patienten, ihre negativen automatischen Gedanken kritisch zu hinterfragen und nach Beweisen zu suchen, die gegen ihre negativen Annahmen sprechen. Es werden Verhaltensexperimente gemacht, Patienten setzen sich kontrolliert Situationen aus, die ihre Ängste und Sorgen auslösen, um festzustellen, ob ihre negativen Vorstellungen tatsächlich zutreffen (sog. *Konfrontationen*). Zur KVT gehören auch Achtsamkeits- und Entspannungstechniken, die den Patienten helfen sollen, ihre negativen Gedankenmuster zu unterbrechen und sich auf das Hier und Jetzt zu konzentrieren (vgl. Beck u. Emery 1981; Beck 2010).

Wer bietet diese Therapie an? Psychologische Psychotherapeuten mit Ausbildung zum Kognitiven Verhaltenstherapeuten; Heilpraktiker für Psychotherapie

Welche Rückschlüsse lassen sich für den pädagogischen Kontext ziehen?

Hilfreich ist ein Lehrer,

- der die negativen Selbstaussagen seiner Schüler korrigiert;
- der die Schüler zu neuem Verhalten motiviert;
- der Konfrontationen ermöglicht, die zu neuen Erfahrungen führen;
- der Achtsamkeits- und Entspannungsübungen anbietet.

Negative Selbstaussagen korrigieren

Ein Lehrer kann sich den Reflex antrainieren, negative Selbstaussagen von Schülern zu korrigieren. Bekannt ist folgendes Beispiel:

»Ich kann das nicht.«

als Selbstbeschreibung eines Schülers wird vom Lehrer modifiziert in:

»Du kannst das NOCH nicht.«

Weitere mögliche Entgegnungen wären:

»Ich kann niemandem vertrauen.« – »Du kannst wählen, wem du vertraust.«

»Ich bin ängstlich.« – »Du bist vorsichtig.«

»Ich muss das perfekt machen.« – »Du darfst Fehler machen.«

Ein leider besonders häufiger Ausspruch unserer Schüler ist ein Satz wie:

»Ich bin zu dumm.«

Meist entgegen Lehrer darauf schlicht:

»Nein, das bist du nicht.«

Da dieser Satz wohl der häufigste und herausforderndste ist, stelle ich hier zwei Ideen vor, wie man als Lehrer gut darauf reagieren kann. Als besonders hilfreich wurden von den Kollegen folgende Reaktionen angesehen:

»Denk daran, dass du bereits so viele Fortschritte gemacht hast, und ich bin stolz auf deine Bemühungen.«

Und dazu noch:

»Du bist nicht allein. Wir sind hier, um dich zu unterstützen und dir zu helfen, erfolgreich zu sein.«

Diese beiden Sätze betonen die positiven Aspekte und die Unterstützung, die der Lehrer dem Schüler bietet. Sie sollen das Selbstvertrauen des Schülers stärken und ihm das Gefühl geben, dass er nicht allein ist und auf Unterstützung zählen kann. Es ist jedoch wichtig zu beachten, dass die Sätze je nach Situation variiert werden sollten, und es ist wichtig, auf die Bedürfnisse und Reaktionen des Schülers zu achten. Wenn Sie die Möglichkeit dazu haben, können Sie Ihre Schüler auch anleiten und dazu auffordern, negative Denkmuster zu erkennen und zu hinterfragen. Zeigen Sie Ihnen, wie sie pessimistische Gedanken in positive umwandeln können. Diese Technik nennt sich *Reframing* und je nach Klasse und Anlass bietet es sich an, die Schüler mit dieser Technik vertraut zu machen. Reframing ist eine effektive Technik, um Schülern zu helfen, ihre Sichtweisen auf Herausforderungen oder Probleme zu ändern.

So kann ein Lehrer diese wichtige Technik des Reframings in folgender Form nutzen:

Identifizieren Sie negative Gedanken und Perspektiven.

Ein Schüler denkt:

> *»Mathe ist schwer. Ich werde nie gut darin sein.«*

Helfen Sie dem Schüler dabei, eine positive oder konstruktive Perspektive zu finden. Sie könnten fragen:

> *»Welche Strategien könntest du anwenden, um Mathe besser zu verstehen? Welche Teile des Themas findest du interessant?«*

Der Schüler antwortet vielleicht: »

> *Ich kann Mathe besser verstehen, wenn ich nach der Schule zusätzliche Aufgaben mache. Und eigentlich finde ich die geometrischen Formen in Mathe ganz gut.«*

Ermutigen Sie den Schüler, die neue Perspektive zu übernehmen.

Für neues Verhalten motivieren

Der traditionelle Ansatz, Schüler zu disziplinieren und sie zu gewünschtem Verhalten zu bewegen, basiert oft auf Bestrafung. Es erstaunt mich immer wieder, wie tief verwurzelt das Strafdenken selbst bei jungen Lehrern ist. Ich verstehe, wie anspruchsvoll, herausfordernd und manchmal überfordernd die Arbeit in vielen Klassen für die Lehrer sein kann und wie stark der Wunsch nach einer ruhigen und konzentrierten Lernumgebung für die Schüler, aber auch für sich selbst als Lehrer ist. Wenn stattdessen jedoch ein hoher Lärmpegel, herumlaufende Schüler und beleidigende Ausbrüche an der Tagesordnung sind, werden oft Strafmaßnahmen wie Strafarbeiten, Nachsitzen, lautes Anschreien oder düstere Prophezeiungen über das zukünftige Scheitern der Schüler eingesetzt. Nach meiner Erfahrung kann eine in Aussicht gestellte Strafe zwar dazu führen, dass sich die Schüler bestenfalls fügen und so verhalten, wie es der Lehrer wünscht, um der Strafe zu entgehen. Eine positive Motivation, ein Hin-zu …, wird auf diesem Wege jedoch nicht erweckt, vielmehr erscheint die zu leistende Arbeit oder das zu leistende Verhalten als etwas, das man auf keinen Fall freiwillig tun würde.

Ein wirksames Werkzeug zur Förderung der Motivation von Schülern für neues oder konstruktiveres Verhalten sind die Prinzipien der *positiven Verstärkung,* auch als *operante Konditionierung* bekannt. Hierbei liegt der Fokus auf dem Lob und nicht auf der Bestrafung. Belohnungssysteme, auch als *Tokensysteme* oder *Verstärkerpläne* bezeichnet, visualisieren Lob für erwünschtes Verhalten seitens der Schüler (siehe Abb. 5). Die Belohnung kann beispielsweise ein positiver Elternbrief, eine lobende Notiz oder ein Stern oder Punkt in einem Belohnungssystem sein. Im Klassenzimmer kann ein Belohnungssystem eingeführt werden, bei dem Schüler Token oder Punkte für erwünschtes Verhalten erhalten, die später gegen Belohnungen eingetauscht werden können. Als Belohnung könnte beispielsweise ein Lernspiel am Ende der Stunde oder eine symbolische Auszeichnung dienen.

Monatsziel					
Oktober 2024	Montag	Dienstag	Mittwoch	Donnerstag	Freitag
1. Woche	-	★	-	★	-
2. Woche	-	★	★	krank	krank
3. Woche	★	★	-	-	-
4. Woche	★	-	★	★	★

Abb. 5: Beispiel eines individuellen Verstärkerplans

Diese positive Verstärkung kann sowohl im Umgang mit einzelnen Schülern als auch mit der gesamten Klasse angewendet werden. Bei einzelnen Schülern kann individuell und angepasst an ihre Fähigkeiten gelobt werden, oder es kann eine andere erstrebenswerte Belohnung in Aussicht gestellt werden.

Für ältere Schüler wurden in den Fortbildungen folgende Kommunikationsbeispiele als praktikabel bestätigt:

> *»Für die Klausur braucht ihr noch das Wissen/Können xy. Wir können das heute zusammen im Unterricht üben. Wenn wir uns hier darauf konzentrieren können, dann braucht ihr keine Hausaufgaben zu machen und seid für die Klausur gut vorbereitet. Wenn ihr als Klasse das wollt, müssten diejenigen in der Klasse, denen die Ruhe schwerfällt, überlegen, welche Alternative es für sie gibt.«*

Hier kommt es bei den Alternativen auf die Gegebenheiten der Schulen und hinsichtlich der Aufsichtspflicht auf das Alter der Schüler an. Vorab muss immer klargestellt werden, dass die Klasse ein Recht auf Lernen und eine angemessene Arbeitsatmosphäre hat. Um letztere herzustellen, kann man jedoch auch individuelle Lösungen für einzelne Schüler anbieten. So kann man älteren Schülern, die grundsätzlich vernünftig sind, ein alleiniges Weiterarbeiten in einem Gruppenraum ermöglichen. Schüler, die eine Aufsicht benötigen, kann man schlicht fragen, was sie brauchen, damit sie den Unterricht nicht weiter stören. Häufiger als gedacht, findet man mit dieser Umkehr der Verantwortung einen Weg der Besserung für die Situation. Zudem hat ein solches Vorgehen den Vorteil, dass die Beziehungsebene ungetrübt bleibt.

Konfrontationen ermöglichen

In der Schule und im Unterricht gibt es viele Situationen, von denen sich Schüler überfordert fühlen und die ihnen solche Angst auslösen, dass sie sich ihnen entziehen oder vor Überforderung nicht mehr in der Lage sind, Leistungen zu erbringen. Solche Situationen sind insbesondere Präsentationen oder mündliche Prüfungen, aber auch schon einfache Klausuren oder ein bloßes Ansprechen im Unterricht können überfordernd sein. Grundsätzlich bereitet jeder Lehrer seine Schüler auf alle anstehenden Herausforderungen in seinem Unterricht vor. Und doch gibt es einzelne, die nicht auf fachlicher, sondern auf persönlicher Ebene nicht in der Lage sind, den Anforderungen gerecht zu werden. Zu Klausuren erscheinen sie nicht; sie weigern sich zu präsentieren oder blockieren und können nicht sprechen; im Lehrer-Schüler-Gespräch blocken sie ab, obwohl sie das abgefragte Wissen hätten.

Bei all diesen Formen, die oft auch etwas mit Prüfungsangst zu tun haben, lohnt es sich, sich mit dem Vorgehen der KVT im Hinblick auf die sogenannten Konfrontationen und eine Exposition auseinanderzusetzen. Dabei wird der Schüler schrittweise an die Herausforderung herangeführt, beginnend mit einer leichteren Aufgabe bei allmählicher Steigerung des Schwierigkeitsgrades. Die Konfrontation kann sich auf die gestellte Aufgabe beziehen, aber auch auf räumliche Expositionen. Es kann zum Beispiel vereinbart werden, den ersten Teil eines Referats noch am Platz zu halten und nur für die anschließenden Fragen nach vorn zu kommen oder wie auch immer es für den Schüler möglich ist. Für die mündliche Mitarbeit kann man mit dem Schüler vorab besprechen, dass man ihn unterstützen möchte, seine Blockaden zu überwinden, und zusammen überlegen, wie man schrittweise erreichen kann, dass der Schüler sich mehr traut mitzuarbeiten. So lässt sich beispielsweise absprechen, auf welche Zeichen hin man den Schüler anspricht, oder man kann schon vorab die Frage (und die Antwort) besprechen, zu der man den Schüler drannehmen wird. So ist für den Schüler sichergestellt, dass er sich mit dem veränderten Verhalten als erfolgreich erleben kann.

Hilfreich ist es dabei, wenn man für seine Schüler ein unterstützendes Umfeld und eine sichere Lernumgebung schafft, in der sich Schüler trauen, Risiken einzugehen. Über die Klasse sollte versucht werden, eine unterstützende Peergroup zu generieren. So können beispielsweise die Freunde und Sitznachbarn der betreffenden Schüler in den Prozess eingebunden werden. Es wird dann mit ihnen besprochen, wie wichtig es ist, dass sie sich gegenseitig ermutigen und in ihren Herausforderungen begleiten.

Auch können Rollenspiele und Simulationen in den Unterricht integriert werden, um Schüler in Situationen zu versetzen, die sie normalerweise vermeiden. Hier bieten sich Probeklausuren und Probeprüfungen an.

Grenzen

In der kognitiven Verhaltenstherapie wird an einzelnen Überzeugungen so lange gearbeitet und es werden neue Überzeugungen so lange geübt, bis eine neue Bewertung verankert ist. Im schulischen Kontext kann eine fortlaufende Unterstützung einzelner Schüler bei der Überwindung ihrer Grenzen nur in dem Maße geleistet werden, wie der Lehrer Ressourcen dafür zur Verfügung hat.

Tabu
Lehrer sollten den Schülern keine Defizite zuschreiben. Leider sind Kommentare wie die folgenden sehr verbreitet:

»Mathe liegt dir nicht.«

»Schule fällt dir schwer.«

Lehrer sollten mit ihren Aufgabenstellungen nicht versuchen den Schülern zu zeigen, was sie gerade nicht können. Scheitern in herausfordernden Situationen sollte überwiegend vermieden und auch nicht als pädagogische Maßnahme missbraucht werden. Bekanntes Beispiel ist das Drannehmen von Schülern, die gerade abgelenkt waren.

Transferpause Dreischritt-Konzept:
Welche pädagogischen Ideen im Sinne der kognitiven Verhaltenstherapie nach Beck verwirklichen Sie schon im Unterricht und welche der aufgeführten Ideen wären für Sie noch umsetzbar?
Notieren Sie die Ideen, die Sie inspiriert haben, und freuen Sie sich über alles, was Sie den Schülern schon bieten.

Lösungsfokussierte Kurzzeittherapie nach Steve de Shazer
Die lösungsfokussierte Kurzzeittherapie ziehe ich als Inspirationsquelle heran, da viele Coaches in den Schulen im Bereich Lernen und Berufsorientierung entsprechend ausgebildet sind und lösungsorientierte Fragen eine Grundlage von Lernentwicklungsgesprächen sind.

Grundgedanken der lösungsfokussierten Kurzzeittherapie

Die lösungsfokussierte Kurzzeittherapie wurde in den 1980er-Jahren entwickelt von Steve de Shazer und Insoo Kim Berg. Dieser Ansatz konzentriert sich auf die Suche nach Lösungen für aktuelle Probleme und Herausforderungen, anstatt sich ausführlich auf die Analyse der Ursachen zu fokussieren. Die lösungsorientierte Kurzzeittherapie ist bekannt für ihre pragmatischen und zielorientierten Techniken, die darauf abzielen, positive Veränderungen im Leben der Klienten schnell zu fördern. Der Therapeut arbeitet eng mit dem Klienten zusammen, um dessen Stärken und Ressourcen zu identifizieren und Lösungen zu entwickeln, die auf diesen Ressourcen aufbauen (de Shazer 1982, 1985).

Wer bietet diese Therapieform an? Kinder- und Jugendpsychiater; lösungsorientiert arbeitende Coaches und systemische Berater

Welche Rückschlüsse lassen sich für den pädagogischen Kontext ziehen?

Hilfreich ist ein Lehrer,

- der sich auf Lösungen und nicht auf die Probleme der Schüler fokussiert;
- der die Schüler unterstützen, ihre Stärken und Ressourcen zu identifizieren.

Lösungen statt Problemen fokussieren

Wahrscheinlich haben Sie es selbst schon in der Klasse erlebt, wie unterschiedlich die Stimmung unter den Schülern und die nachfolgenden Dynamiken im Unterrichtsgespräch sind, je nachdem, ob ein Problem betrachtet wird oder die Schüler ihren Blick auf eine – vielleicht sogar kreative – Lösung lenken. Beim Nachdenken über Probleme können wir Lehrer oft beobachten, wie die Schüler sich in Mimik und Gestik anpassen. Sie werden ernst, oft auch angespannt, und man hat fast den Eindruck, als wenn das im Unterricht gestellte Problem zu einer persönlichen Sorge wird. Man kann also beobachten, wie die Schüler sich mit den Fragestellungen persönlich identifizieren.

Ganz anders verhält es sich, wenn es etwas zu planen gibt, wenn Ideen gefragt sind, die eine Lösung zu einer Frage sein könnten oder wenigstens hilfreich sind auf dem Weg zu einer Antwort oder Lösung. Lehrer erleben dann oft eine Art fröhliche Begeisterung, Mut, Kreativität und auch ein gutes Tolerieren abschlägiger Rückmeldungen. So sollte man als Lehrer seine Leitfragen im Unterricht als Zielfragen formulieren (Harkom 2022, S. 23). Im Folgenden werden ein paar Beispiele mit Alternativen aufgelistet:

Was ist das Problem? – Was ist das Ziel?

Was fehlt? – Was wird bereits getan?

Wie kam es zu dem Problem? – Was kann noch getan werden?

Zudem kann man, wenn Schüler auf bestimmte Probleme fokussiert sind, das Hauptaugenmerk auf die Lösung lenken. Ein typischer Dialog könnte insoweit sein:

Schüler:

»Ich habe ein Problem mit ... Mitschülern/Fach ...«

Lehrer:

> »*Was könntest du tun, um … einen besseren Kontakt zu deinen Mitschülern aufzubauen / in dem Fach* xy *besser mitzukommen?*«

Diesen Gedanken weiterführend finde ich es für Lehrer-Schüler-Gespräche von besonderer Bedeutung, dass Lehrer versuchen, den Schülern richtige Antworten zu ermöglichen. So kann man auf eine Frage, die ein Schüler nicht beantworten konnte, weitere Impulse geben, die ihn auf dem Weg zur Lösung leiten könnten. Mit einem positiven Ausgang des Gesprächs fühlt sich der Schüler leistungsfähig und selbstwirksam.

Die »positive Fehlerkultur« gilt als geflügeltes Wort unter Pädagogen. Hilfreich ist:

- Feedback geben, nicht nur bewerten: Statt nur Noten zu geben, konzentrieren Sie sich auf ein konstruktives Feedback. Besprechen Sie gemeinsam mit dem Schüler, was er richtig gemacht hat und wie er sich verbessern kann.
- Fehler als Chance betrachten: Machen Sie deutlich, dass Fehler Gelegenheiten zum Lernen bieten für den Einzelnen, aber auch für die ganze Klasse. Ermutigen Sie die Jugendlichen, neue Dinge auszuprobieren, selbst wenn das bedeuten kann, Fehler zu machen.
- Eigene Fehler zugeben: Zeigen Sie als Erwachsener, dass auch Sie Fehler machen und wie Sie damit umgehen.

Diese positive Fehlerkultur verändert nach meiner Erfahrung das Unterrichtsgespräch vollkommen, da Schüler sich angstfreier trauen, auch mal laut zu denken und ihre eigenen Wege zur Lösung zu finden. Es hilft ihnen auch, sich dem Lehrer in ihrem Prozess anzuvertrauen und von ihm zu einer Erkenntnis leiten zu lassen. Ich persönlich weiß immer, dass ich diesbezüglich an meinem persönlichen pädagogischen Ziel angelangt bin, wenn Schüler zu mir sagen: *»Frau Kolberg, ich habe das nicht verstanden. Können Sie mich mal da durchfragen?«*

Stärken und Ressourcen identifizieren

Lehrer haben die Möglichkeit, die Stärken und Ressourcen ihrer Schüler zu erkennen, indem sie deren Interessen und Leidenschaften erkunden und aufmerksam zuhören. Viele Schüler haben außerhalb der Schule beeindruckende Hobbys, in denen sie Fähigkeiten zeigen, die im schulischen Umfeld möglicherweise nicht sichtbar werden.

Einige Schüler sind in Biologie vielleicht nicht so stark, aber sie betreiben zu Hause eine eigene Tierzucht. Andere mögen Schwierigkeiten in Physik haben, aber sie konstruieren zu Hause ihre eigenen Maschinen. Es gibt Schüler, die vielleicht nicht immer alles im Schulrucksack haben, aber sie organisieren beeindruckende private Veranstaltungen, und es gibt stille Schüler, die auf der Bühne beim Poetry-Slam die Massen begeistern. Wenn Lehrer diese Talente erkennen und positives Feedback geben, das deren individuelle Fähigkeiten hervorhebt, kann dies zu einem gesteigerten Selbstbewusstsein beitragen und auch bei der Bewältigung schulischer Herausforderungen helfen. Durch die Beobachtung sowohl im Unterricht als auch außerschulischer Aktivitäten können Lehrer verborgene Talente entdecken und im Unterricht nutzen, um den Schülern mit besonderen Fähigkeiten eine Plattform und Anerkennung zu bieten. Darüber hinaus ist es hilfreich, regelmäßige Gespräche mit den Schülern zu führen, um ihre persönlichen Ziele und Ambitionen zu verstehen. Manchmal werden außergewöhnliche Leistungen nicht nur in Form von besseren schulischen Noten angestrebt, sondern es besteht der Wunsch, beispielsweise Fördergelder für einen Straßen-Rap zu bekommen oder für ein soziales Projekt. Ich betrachte diese außerschulischen Ambitionen als gleichwertig zur schulischen Bildung und sehe sie als große Inspiration für andere Schüler. Indem Lehrer Interesse an der gesamten Persönlichkeit ihrer Schüler zeigen, können sie gezielter Unterstützung und Ermutigung bieten, um Stärken und Ressourcen weiterzuentwickeln und zu fördern. Diese ressourcenfördernde Grundhaltung hat unmittelbare Auswirkungen auf alle Menschen im Umfeld (Winkelmann 2014, S. 145).

Wenn es um schulische Aufgaben geht, können Lehrer durch gezieltes Stellen von Ressourcenfragen auch die Motivation und das Durchhaltevermögen der Schüler steigern. Gerade wenn ein Schüler bestimmte Anforderungen noch nicht meistert und frustriert ist, können Fragen, die dem Schüler helfen, sich auf seine Fähigkeiten zu besinnen, sehr hilfreich sein. Anstatt zu fragen, warum der Schüler etwas nicht kann, bieten sich bewährte Ressourcenfragen an wie:

> *»Welche Fähigkeiten und Kenntnisse hast du bereits, die dir bei dieser Aufgabe helfen könnten?«*

> *»In welchen Situationen hast du schon ähnliche Herausforderungen erfolgreich gemeistert?«*

»Gibt es jemanden in deinem Umfeld, der dich bei dieser Aufgabe unterstützen könnte?«

Durch diese Fragen wird der Fokus wieder auf das Können, auf Stärken und Ressourcen gelegt. Ich habe, wie viele andere auch, die Erfahrung gemacht, dass solche Fragen meist neue Energie, Mut und Zutrauen freisetzen und die Schüler wieder Kraft gewinnen, sich den an sie gestellten Erwartungen zu stellen.

Grenzen

Die Schule ist ein Ort der Bewertung, bei dem Klausuren und Prüfungen normalerweise in roter Tinte korrigiert und auf Fehler überprüft werden. In diesem Zusammenhang ist ein ausgeprägter Fokus auf Defizite bisher im System verankert.

Tabu

Lehrer sollten nicht die Probleme in den Vordergrund stellen oder dem Schüler vorhalten, was er nicht kann. Der Defizit-Blick sollte konsequent vermieden werden.

Transferpause Dreischritt-Konzept:

Welche pädagogischen Ideen im Sinne der lösungsorientierten Kurzzeittherapie nach de Shazer verwirklichen Sie schon im Unterricht und welche der aufgeführten Ideen wären für Sie noch umsetzbar?

Notieren Sie die Ideen, die Sie inspiriert haben, und freuen Sie sich über alles, was Sie den Schülern schon bieten.

Erlernte Hilflosigkeit nach Martin Seligman

In der Schule besteht zwischen Lehrern und Schülern ein Machtgefälle. In dieser Hierarchie und der Abhängigkeit der Schüler von Verhalten und Entscheidungen ihrer Lehrkräfte können Schüler das Gefühl entwickeln, dass sie keinen oder zu wenig Einfluss auf die externen Ereignisse oder Umstände besitzen. Dies kann zunehmend zu Passivität und Resignation im Unterricht führen. Insofern ist das Konzept der »erlernten Hilflosigkeit« für das pädagogische Handeln von besonderer Bedeutung.

Grundgedanken des Erklärungsansatzes der erlernten Hilflosigkeit

Das Konzept der »erlernten Hilflosigkeit« wurde von Martin E. P. Seligman in den 1960er-Jahren entwickelt und ist eng mit der kognitiven Verhaltenstherapie verbunden. Die »erlernte Hilflosigkeit« besagt, dass Menschen bei wiederholten Misserfolgserlebnissen möglicherweise das Gefühl entwickeln, dass sie keine Kontrolle über ihre Umstände haben, und daher passiv, untätig und hilflos reagieren auch in Situationen, in denen sie noch agieren könnten. In der Therapie wird dieser Denkansatz dazu verwendet, um den Menschen zu helfen, ihre negativen Denkmuster und Überzeugungen zu identifizieren und zu ändern. Indem sie lernen, wie sie ihre Gedanken und die Interpretation von Situationen verändern können, erlangen sie ein Gefühl der Kontrolle über ihr eigenes Leben zurück und entwickeln zur Situation passende Bewältigungsstrategien (Seligman 1992).

Wer therapiert nach diesem Konzept? Psychologische Psychotherapeuten mit Ausbildung zum Kognitiven Verhaltenstherapeuten; Heilpraktiker für Psychotherapie.

Welche Rückschlüsse lassen sich für den pädagogischen Kontext ziehen?

Hilfreich ist ein Lehrer,

- der Situationen schafft, in denen Schüler Selbstwirksamkeitserfahrungen sammeln können;
- der Schüler ermutigt, in die Selbstwirksamkeit zu kommen;
- der Transparenz bei der Leistungsbewertung herstellt (was muss ich tun, damit ...);
- der die Schüler an der Unterrichtsgestaltung partizipieren lässt;
- der Vorbild ist im Umgang mit herausfordernden Situationen oder im Umgang mit dem Scheitern;
- der Triggerwarnungen bei überfordernden Unterrichtsinhalten gibt.

Selbstwirksamkeitserfahrungen ermöglichen durch Binnendifferenzierung

Die größte Steigerung ihrer Selbstwirksamkeit erleben Schüler, wenn sie die ihnen im Unterricht gestellten Aufgaben erfolgreich meistern. Dieser Prozess wird jedoch durch die heterogene Leistungsfähigkeit der Schülerschaft beeinflusst, wobei insbesondere Schüler, die von Depressionen betroffen sind, oft mit eingeschränkter Leistungsfähigkeit zu kämpfen haben. Daher erweist sich die Binnendifferenzierung als von entscheidender Bedeutung.

Die Umsetzung der Binnendifferenzierung erfordert von Lehrkräften ein hohes Maß an Professionalität und Anpassungsfähigkeit. Dies ermöglicht es, den Unterricht so zu gestalten, dass jeder Schüler die bestmögliche Bildung erhält und sein individuelles Potenzial entfalten kann. Von der Perspektive eines Lehrers aus betrachtet, zielt die Binnendifferenzierung auf eine Vielzahl von Lehr- und Unterrichtsstrategien ab, um den unterschiedlichen Bedürfnissen und Voraussetzungen der Schülerschaft in einer Klasse gerecht zu werden. Lehrer sind herausgefordert, eine heterogene Schülerschaft zu unterrichten, die verschiedene Lerngeschwindigkeiten, Fähigkeiten, Interessen und Lernstile aufweist.

Der Schlüssel zur Binnendifferenzierung liegt zunächst in der genauen Beobachtung und Analyse der Bedürfnisse der Schüler. Dies umfasst die Bewertung von individuellen Lernstilen, Stärken und Schwächen sowie spezifischer Herausforderungen. Basierend auf diesen Erkenntnissen können individuelle Lernziele festgelegt werden. Lehrkräfte passen das Lehrmaterial entsprechend den Beobachtungen und Diagnosen an, indem sie unterschiedliche Ressourcen, Materialien und Aufgaben auswählen, um sicherzustellen, dass sie den individuellen Bedürfnissen der Schüler gerecht werden. In einigen Bildungseinrichtungen ist es bereits üblich, Aufgaben auf verschiedenen Niveaustufen anzubieten und diese deutlich zu kennzeichnen.

Ein entscheidender Aspekt der Binnendifferenzierung besteht darin, Schülern individuelle Unterstützung anzubieten, sei es durch zusätzliche Erläuterungen, gezielte Übungen oder persönliche Beratung. Zudem bieten digitale Werkzeuge zunehmend Möglichkeiten für differenzierte Lernwege, beispielsweise durch QR-Codes auf Arbeitsblättern, hinter denen sich weitere Erklärungen oder hilfreiche Hinweise verbergen.

Auch die Bildung von Arbeitsgruppen mit unterschiedlichen, sich ergänzenden Fähigkeiten kann äußerst hilfreich sein. Darüber hinaus können Lehrer den Zeitrahmen für den Unterricht flexibel anpassen, um sicherzustellen, dass Schüler ausreichend Zeit haben, ein Konzept zu verstehen, ohne dass andere unterfordert werden. Das zentrale Prinzip lautet: Fordern, aber nicht überfordern!

Schüler ermutigen, in die Selbstwirksamkeit zu kommen

Als Lehrer dürfen wir nicht müde werden, unsere Schüler zu ermutigen und ihnen zu helfen, ihre Selbstzweifel zu überwinden. Um es sich einfach zu machen, kann man sich ein paar Ermutigungssätze angewöhnen (wenn man noch keine hat). Diese können je nach Situation und Bedürfnis angepasst werden. Meine Seminarteilnehmer hatten Lieblingssätze wie diese:

»Ich traue es dir zu.«

»Glaube an dich selbst, du kannst es schaffen!«

Diese Sätze waren selbstverständlicher Bestandteil ihrer Schülerkommunikation; sie werden bewusst von einigen Kollegen ständig wiederholt, um ein Teil der inneren Stimme der Schüler zu werden.

Transparenz bei der Leistungsbewertung herstellen

Ein Lehrer kann Transparenz in der Leistungsbewertung auf verschiedene Weise sicherstellen. Zunächst ist es wichtig, von Anfang an klare Erwartungen und Kriterien für die Bewertung zu kommunizieren. Dies bedeutet, den Schülern zu erklären, wie die Bewertung erfolgt, welche Kriterien herangezogen werden und wie die Noten oder Bewertungen zustande kommen. Die schriftlichen Aufgaben oder Projekte sollten klare Bewertungsraster enthalten, die den Schülern helfen, zu verstehen, welche Aspekte bewertet werden und wie diese gewichtet sind. Dies ermöglicht den Schülern, ihre Arbeit gezielt darauf auszurichten und sich auf die relevanten Kriterien zu konzentrieren. Regelmäßige Feedback-Sitzungen sind ebenfalls entscheidend. Lehrer sollten den Schülern die Gelegenheit geben, Fragen zur Bewertung zu stellen und Rückmeldungen zu erhalten. Dies ist in Form von Einzelgesprächen, Gruppenbesprechungen oder schriftlichen Kommentaren möglich. Das Feedback sollte konstruktiv und spezifisch sein, um den Schülern zu helfen, ihre Leistungen zu verbessern. Die Verwendung von Beispielen aus früheren Arbeiten oder Prüfungen kann die Transparenz erhöhen. Indem Lehrer Musterlösungen oder Beispiele für hervorragende Arbeiten zur Verfügung stellen, erhalten die Schüler eine klare Vorstellung davon, was erwartet wird und wie exzellente Leistungen aussehen.

Offene Kommunikation ist entscheidend, und Schüler sollten sich ermutigt fühlen, Fragen zu stellen oder Bedenken hinsichtlich der Bewertung anzusprechen. Insgesamt geht es bei der Schaffung von Transparenz in der Leistungsbewertung darum, den Schülern eine klare Vorstellung davon zu vermitteln, wie ihre Arbeit bewertet wird, und sicherzustellen, dass sie die Möglichkeit haben, ihre Leistungen zu verbessern und zu verstehen, wie sie zu ihren Noten gelangen.

Partizipation an der Unterrichtsgestaltung ermöglichen

Partizipation im Unterrichtsgeschehen geschieht vorrangig über Feedback, sodass Schüler das Gefühl bekommen, gehört zu werden und Veränderungen bewirken zu können. Selbstverständlich können Schüler hinsichtlich der Unterrichtsinhalte keine Anpassungen der Lehrer erwarten, aber schon ein Eingehen auf Methodenwünsche, Zeitpunkte für Klausuren, Aufgabenformate, die Sitzordnung oder die Form von Hausaufgaben, soweit dies der Rahmen hergibt, führt oft zu einer Stärkung aller Individuen der Klasse.

Schüler können an der Unterrichtsgestaltung partizipieren, indem sie eine aktive Rolle in ihrem eigenen Lernprozess einnehmen. Ein wichtiger Aspekt dabei ist die Eigenverantwortung. Schüler können ihre eigenen Lernziele setzen und dabei die vom Lehrer bereitgestellten Richtlinien und Kriterien berücksichtigen. Sie sollten auch den Lernstoff aktiv organisieren und, falls dies möglich ist, kann man als Lehrer zusammen mit der Klasse die Termine für Klausuren setzen und besprechen, in welcher Form die Überprüfung des Stoffes erfolgt. Selbstverständlich gibt es hier bestimmte Rahmenrichtlinien, die eingehalten werden müssen, aber ich habe die Erfahrung gemacht, dass die Schüler sehr entlastet sind, wenn sie innerhalb des Möglichen zusammen mit dem Lehrer überlegen und mitentscheiden dürfen, wie der Unterricht oder auch Klausuren ausgestaltet werden. Erstaunlicherweise habe ich sogar die Erfahrung gemacht, dass die Schüler selbst schwerere Formate nennen, als man selbst gewählt hätte, und auf keinen Fall immer den einfachsten Weg wählen. Zudem können wir unseren Schülern die Möglichkeit geben, ihre individuellen Interessen und Fähigkeiten in den Unterricht einzubringen. Schüler können Vorschläge für Projekte oder Themen machen, die sie besonders interessieren, und so den Unterricht mitgestalten.

Insgesamt sollten Schüler sich bewusst sein, dass sie nicht nur passive Empfänger von Wissen sind, sondern aktive Gestalter ihres eigenen Lernwegs.

Vorbild sein im Umgang mit herausfordernden Situationen

Unser Umgang mit dem Scheitern als etwas, das man aushalten kann und das den Selbstwert nicht gefährdet, stellt eine wesentliche Komponente unserer Vorbildfunktion für die Schüler dar. Oft machen junge Lehrer die Erfahrung, dass der Respekt der Klassen nicht schwindet, sondern sich sogar erhöht, wenn die Lehrer eigene Fehler zugeben, dann aber pragmatisch eine Lösung für die Situation finden, d. h., die Situation meistern.

Triggerwarnungen geben

Triggerwarnungen können eine hilfreiche Methode sein, um auf sensible Inhalte hinzuweisen und Schüler vor potenziell belastenden Gefühlen zu warnen. Dies kann zu Beginn der Präsentation eines sensiblen Themas, sei es durch ein Video oder einen Text, erfolgen. Meiner Erfahrung nach sind Schüler sehr dankbar für solche Hinweise. In der Regel nehmen trotz einer Triggerwarnung alle Schüler am Unterricht teil. Dennoch kann es vorkommen, dass einige Schüler im Klassenraum sichtbar innehalten, tief durchatmen und sich bewusst auf die bevorstehende Situation einstellen. Als Lehrer sollte man jedoch darauf vorbereitet sein, dass es Klassen und Themen geben kann, bei denen mehrere Schüler so stark von einem Thema betroffen sind, dass sie die auslösenden Inhalte lieber meiden möchten. In solchen Fällen ist es die Aufgabe des Lehrers, darüber nachzudenken, wie mit der Situation individuell umgegangen werden kann. Triggernde Inhalte sind manchmal ein integraler Bestandteil des Unterrichts und unterscheiden sich vom Medienkonsum zu Hause.

Bei jüngeren Schülern kann die mangelnde Aufsicht ein Problem darstellen, wenn sie den Klassenraum allein verlassen, und es stellt sich generell die Frage, wie die Bewertung in solchen Situationen vorgenommen werden kann, wenn ein Schüler während des Unterrichts, der das auslösende Thema behandelt, den Klassenraum verlassen möchte.

In solchen Fällen empfehle ich dringend, eine Absprache im Rahmen einer pädagogischen Konferenz zu treffen, um sicherzustellen, dass die Schüler in verschiedenen Fächern auf eine einheitliche Vorgehensweise vorbereitet sind. Dies kann dazu beitragen, dass Schüler wissen, wie solche Situationen behandelt werden, und ihnen eine angemessene Unterstützung bieten.

Triggerwarnungen können bei einer Vielzahl von Themen hilfreich sein, dazu gehören:

- körperliche, psychische oder sexualisierte Gewalt
- Krieg
- Suizid und Selbstverletzung.

Als Lehrer kann man formulieren:

> *»Wir werden jetzt über die Bombardierung im Zweiten Weltkrieg sprechen.«*
>
> *»Wir werden jetzt einen Text lesen, in dem es um eine Selbsttötung einer jungen Frau geht.«*

Im Anschluss gilt es kurz innezuhalten, um den Schülern die Möglichkeit zu geben, mit dieser Information für sich angemessen umzugehen.

Grenzen
In der Schule herrscht eine klare Hierarchie, wobei der Lehrer letztendlich den Rahmen vorgibt, innerhalb dessen Schüler an der Partizipation und Gestaltung teilnehmen können.

Tabu
Lehrer sollten Machtstrukturen nicht unnötig aufrechterhalten. Sie sollten den Schülern nicht das Gefühl geben, dass sie der Willkür des Lehrers ausgeliefert sind.

Transferpause Dreischritt-Konzept:

Welche pädagogischen Ideen im Sinne des Konzepts der erlernten Hilflosigkeit von Seligman verwirklichen Sie schon im Unterricht und welche der aufgeführten Ideen wären für Sie noch umsetzbar?

Notieren Sie die Ideen, die Sie inspiriert haben, und freuen Sie sich über alles, was Sie den Schülern schon bieten.

Logotherapie nach Viktor Frankl

Die Logotherapie wurde als Inspirationsgrundlage für pädagogisches Handeln genutzt, da viele Pädagogen *Trotzdem Ja zum Leben sagen* von Viktor Frankl (1977) privat oder auch mit ihren Schülern gelesen haben.

Grundgedanken der Logotherapie

Viktor Frankls Logotherapie ist eine psychotherapeutische Schule, die er in den 1940er-Jahren entwickelte. Sie betont die Suche nach einem Sinn als zentraler Triebfeder für das menschliche Wohlbefinden. Die Logotherapie basiert auf der Annahme, dass dieser Sinn die Quelle der psychischen Gesundheit ist. Ein bekannter Ausspruch Frankls ist: »Wenn der Mensch ein Warum hat, kann er jedes Wie ertragen« (Frankl 1994, 2009).

Wer bietet diese Therapie an? Logotherapeuten

Welche Rückschlüsse lassen sich für den pädagogischen Kontext ziehen?

Hilfreich ist ein Lehrer, der

- den Sinn des Unterrichts den Schülern transparent macht;
- der »Bulimielernen« entgegenwirkt;
- den Sinn seines pädagogischen Handelns den Schülern transparent macht.

Den Sinn des Unterrichts den Schülern transparent machen

Es ist von grundlegender Bedeutung, den Unterricht so zu gestalten, dass die Schüler einen klaren Sinn darin erkennen, sich anzustrengen. Eine effektive Methode besteht darin, den Lehrstoff stets in Bezug zu ihrer eigenen Lebenswelt und Perspektive zu setzen und einen kontinuierlichen Dialog darüber aufrechtzuerhalten, wie ihre Bemühungen ihnen langfristig zugutekommen können.

Den meisten Schülern gegenüber wurde in der Vergangenheit erklärt, dass sich Anstrengung durch bessere Noten und einen verbesserten Zugang zum Bildungssystem auszahlt. Jedoch ist diese Argumentation nicht immer zielführend, insbesondere für Schüler, die bereits desillusioniert sind und sich in jungen Jahren von der Gesellschaft abgehängt fühlen. In solchen Fällen kann es hilfreich sein, auf übergeordnete Kompetenzen zu verweisen. Wenn ein Schüler in der Schule lernt, sich zu organisieren, wird er auch befähigt, sein gesamtes Leben besser zu strukturieren.

Die Schule kann somit als Übungsfeld für die vielfältigen Fähigkeiten dienen, die ein junger Mensch benötigt, um erfolgreich in seinem Leben zu navigieren. Es liegt in unserer Verantwortung als Lehrer, eine Vielzahl von motivierenden Strategien anzubieten, damit destruktive Denkweisen keine Überhand gewinnen. Ich verstehe, dass es Schüler geben kann, bei denen die Herausforderungen besonders groß sind, aber dennoch hoffe ich darauf, dass wir Lehrer niemanden aufgeben und beharrlich weiterhin Wege finden, um Möglichkeiten aufzuzeigen, wie sie ihre Zukunft schon während ihrer Schulzeit positiv gestalten können. Das entscheidende Element dabei ist die umfassende Transparenz in Bezug auf den Sinn des Lernens und die Entwicklung von Kompetenzen, die sich aus der Auseinandersetzung mit dem Schulstoff und dem sozialen Miteinander ergeben.

Nur durch eine klare Kommunikation über den Wert des Gelernten und die erworbenen Fähigkeiten können Schüler erkennen, wie der Bildungsweg ihre persönliche Entwicklung und ihr Leben insgesamt positiv beeinflussen kann.

»Bulimielernen« entgegenwirken

Unter »Bulimielernen« verstehen wir heute, Informationen ohne tiefes Verständnis auswendig zu lernen. Schüler empfinden es als »Bulimielernen«, wenn sie sich oft erst vor einer Klausur große Mengen von Lernstoff in ihr Hirn »stopfen«, um den Stoff dann in einer Klausur einmal zu »erbrechen« und nachhaltig nichts davon zu haben. Als Lehrer können wir in mehrerlei Hinsicht dem entgegenwirken.

- Zum einen gilt es den Schülern zu erklären, dass wahres Lernen bedeutet, Informationen zu verstehen und nicht nur auswendig zu lernen. Dabei hilft der Hinweis, dass tiefes Verständnis langfristiges Behalten und besseres Anwenden ermöglicht.
- Erklären Sie, dass kritisches Denken und Verstehen im Leben und bei der Problemlösung von großer Bedeutung sind.
- Zeigen Sie, dass effektiveres Lernen Zeit sparen und Stress reduzieren kann.
- Von entscheidender Bedeutung ist es, Prüfungen (wie Klausuren) so zu gestalten, dass sie nicht nur das reine Auswendiglernen, sondern auch das tiefere Verständnis der Schüler testen. Ein wichtiger Aspekt dabei ist, sicherzustellen, dass die Aufgaben, die Verständnis erfordern, nicht immer die schwierigsten in der Prüfung sind. Stattdessen sollten auch viele Transferfragen eingebaut werden, die einfache Wissensübertragungen erfordern oder so klar formuliert sind, dass Schüler mit bescheidenerem Wissen sie erfolgreich bewältigen können. In meiner Erfahrung gibt es hier noch erhebliches Verbesserungspotenzial.

Den Sinn seines Handelns den Schülern transparent machen

Es ist von immenser Bedeutung, dass Lehrer stets die Beweggründe für ihr Handeln transparent darlegen, insbesondere im Kontext didaktischer und pädagogischer Interventionen. Dabei ist es essenziell zu erläutern, wie beispielsweise Hausaufgaben die Schüler gezielt auf anstehende Klausuren oder Prüfungen vorbereiten sollen und warum das Erledigen von Aufgaben zu Hause eine bedeutende Übung für die Entwicklung ihrer Lernorganisation darstellt.

Oft empfinden Schüler pädagogische Interventionen als ungerecht oder als Machtspiel seitens ihrer Lehrer, was zu unnötigem Widerstand führen kann. Dieser Widerstand kann vermieden werden, indem Lehrer den Schülern erklären, wie diese Interventionen, wie beispielsweise das Verlassen des Klassenzimmers bei Unterrichtsstörungen, zu ihrem eigenen Nutzen dienen sollen.

In meiner Erfahrung hat sich gezeigt, dass die Art und Weise, wie Lehrer Anweisungen formulieren, einen erheblichen Einfluss auf das Verhältnis zwischen Lehrern und Schülern hat. Anstatt einfach zu sagen: »Ihr beiden, ab nach draußen, weil ihr zu laut seid«, kann ein Lehrer stattdessen erklären: »Wenn ihr euch laut unterhaltet, können weder ich noch die anderen Schüler sich ausreichend konzentrieren. Deshalb wäre es hilfreich, wenn ihr eure Gespräche draußen fortsetzt. Sobald ihr eure Themen besprochen habt und euch auf den Unterricht konzentrieren könnt, klopft bitte an und ihr könnt dann zurückkommen.« Ein solcher erläuternder Ansatz beseitigt viele Missverständnisse und Konflikte und trägt zu einem besseren Verständnis sowie einer positiven Zusammenarbeit zwischen Lehrern und Schülern bei.

Grenzen

Die Begrenzung dieser Methode besteht darin, dass einige Jugendliche so stark resigniert haben, dass sie selbst im Gespräch nicht erreichbar sind und keine klaren Zukunftsziele mehr verfolgen.

Tabu

Lehrer sollten vermeiden, nicht verknüpfbares Wissen stumpf abzufragen oder pädagogische Interventionen unerklärt durchzuführen.

Transferpause Dreischritt-Konzept:

Welche pädagogischen Ideen aus der Logotherapie verwirklichen Sie schon im Unterricht und welche der aufgeführten Ideen wären für Sie noch umsetzbar?

Notieren Sie die Ideen, die Sie inspiriert haben.

Tiefenpsychologische Psychotherapie

Elemente der tiefenpsychologischen Therapie wurden für unsere pädagogischen Konzepte herangezogen, da sie sich tiefer mit solchen Dynamiken befasst, wie sie zwischen Lehrern und Schülern stattfinden. Zudem handelt es sich um die Therapieform, die Anwendung findet, wenn die Behandlung einer Depression über eine Verhaltenstherapie nicht ausreichend gewirkt hat und tiefere Gründe der Depression erforscht werden sollen.

Grundgedanken der tiefenpsychologischen Psychotherapie

Die tiefenpsychologische Psychotherapie geht zurück auf mehrere Personen, darunter Sigmund Freud, Carl Gustav Jung und Alfred Adler. Sigmund Freud, der als einer der prominentesten Pioniere der Tiefenpsychologie gilt, entwickelte die Psychoanalyse, eine der bekanntesten Formen der tiefenpsychologischen Therapie.

In der tiefenpsychologischen Therapie geht es darum, Konflikte zu erkunden und besser zu verstehen. Die Therapie zielt darauf ab, unbewusste Faktoren aufzudecken, um das psychische Wohlbefinden zu fördern. Dies wird durch die Analyse von Träumen, die Analyse unbewusster Motive und Konflikte sowie die Erkundung vergangener Erfahrungen erreicht. Wichtige Tools zur Erforschung sind Übertragung und Gegenübertragung: Der Therapeut sollte sich dessen bewusst sein, wie er auf den Patienten reagiert. Diese Information kann er nutzen, um dem Patienten wertvolle Informationen über dessen emotionalen Zustand zu liefern.

Die tiefenpsychologische Psychotherapie betont die Bedeutung der Kindheitserfahrungen und unbewusster Einflüsse auf das gegenwärtige Verhalten und die Psyche des Individuums (Wöller u. Kruse 2018).

In Abgrenzung dazu ist eine Psychoanalyse noch intensiver, da sie sich auf langfristige – oft jahrelange – regelmäßige Sitzungen konzentriert und tiefer in unbewusste Konflikte und Dynamiken der Vergangenheit eindringt.

Wer bietet diese Therapie an? Psychotherapeuten mit Ausbildung zum tiefenpsychologischen Psychotherapeuten bzw. Psychoanalytiker

Welche Rückschlüsse lassen sich für den pädagogischen Kontext ziehen?

Hilfreich ist ein Lehrer,

- der akzeptiert, dass Schüler tieferliegende Gründe für ein bestimmtes Verhalten haben, und der trotzdem auf die Einhaltung bestimmter Regeln hinwirkt;
- der eine angemessene Reaktion zeigt, wenn er Schüler mit einer Aussage oder einem Verhalten »getriggert« hat;
- der seinen Schülern seine Wahrnehmungen spiegelt, um sie handlungsfähig zu machen;
- der aufmerksam ist, was er selbst für Gefühle auf seine Schüler überträgt.

Akzeptanz zeigen

Es ist äußerst wichtig, als Lehrer den Schülern gegenüber Akzeptanz zu zeigen und deutlich zu machen, dass man davon ausgeht, dass sie Gründe für ihr Verhalten haben. Lehrer können verstehen, dass psychisches Wohlbefinden durch vergangene oder unbewusste Faktoren so stark beeinträchtigt sein mag, dass ein Schüler sich nicht in Übereinstimmung mit den »normalen« Erwartungen verhält.

Als Lehrer sollte man sich dessen bewusst sein, dass Schüler, die sich auffällig verhalten, oft in einer schwierigen Situation sind oder es ihnen nicht gut geht. Diese Erkenntnis kann Lehrern helfen, eine professionelle Distanz zu herausfordernden Situationen im Klassenraum zu wahren und ruhig und klar auf die Schüler zu reagieren.

Auch wenn ein Schüler sich nicht so verhält, wie es sich der Lehrer wünscht und auch einfordern sollte, ist es wichtig, dass die Beziehung zwischen Lehrer und Schüler aufrechterhalten bleibt. Der Lehrer kann hierbei eine beruhigende und stabilisierende Präsenz sein, wie ein »Fels in der Brandung«.

Angemessen auf getriggerte Schüler reagieren

In Zeiten von Flucht und Vertreibung und im Zusammenhang mit traumatischen Erfahrungen entwickeln sich häufig Depressionen. Wenn ein Lehrer das Gefühl hat, dass ein Schüler durch eine Aussage oder einen Unterrichtsinhalt getriggert oder emotional belastet sein könnte, ist es wichtig, sensibel und einfühlsam zu reagieren, ohne dabei in die Gründe für die Belastung des Schülers einzudringen.

Zunächst sollte der Lehrer die Anzeichen für emotionale Belastung oder Trauma bei einem Schüler sorgfältig beobachten. Dies kann sich in unterschiedlichen Verhaltensweisen zeigen, wie zum Beispiel Rückzug, plötzlichen Veränderungen im Verhalten oder Stimmungsschwankungen. Der Lehrer kann dann in einem Gespräch abseits des Unterrichts Empathie zeigen und dem Schüler signalisieren, dass er für seine Gefühle und Erfahrungen Verständnis hat. Dies lässt sich durch einfache Äußerungen zeigen wie:

> *»Ich habe bemerkt, dass du in letzter Zeit belastet wirkst, und ich möchte, dass du weißt, dass ich hier bin, um zu helfen.«*

Es ist entscheidend, dass der Lehrer nicht in die Gründe für die Belastung des Schülers eindringt, es sei denn, der Schüler ist bereit, darüber zu sprechen. Fragen wie:

> *»Möchtest du darüber sprechen?«*

oder

> *»Brauchst du Hilfe oder Unterstützung?«*

können angeboten werden, um dem Schüler die Möglichkeit zu geben, selbst zu entscheiden, ob er mehr mitteilen möchte.

Wahrnehmungen spiegeln

Wie in den vorherigen Abschnitten bereits beleuchtet, spielt es eine wichtige Rolle im Hinblick auf den Genesungsprozess der Schüler, dass der Lehrer die psychischen Symptome benennt, die er wahrnimmt.

Auf Gegenübertragungen achten

Es ist von großer Bedeutung, dass Lehrer in der Interaktion mit ihren Schülern darauf achten, ihre eigenen Unsicherheiten nicht auf die Schüler zu übertragen. Dies gilt insbesondere, wenn ein Schüler mit Depressionen kämpft, denn es ist essenziell, ihm ein Gefühl von Zuversicht und Kontrolle zu vermitteln. Andernfalls besteht die Gefahr, dass eine Art Wechselwirkung, bekannt als »Gegenübertragung« entsteht, die zu einer sich verstärkenden Abwärtsspirale aus Überforderung und wahrgenommenem Kontrollverlust führen kann. Die Gegenübertragung ist ein Konzept aus der tiefenpsychologischen Psychotherapie. Dieses Phänomen tritt auf, wenn ein Therapeut oder Betreuer unbewusst eigene emotionale Reaktionen auf einen Patienten projiziert, die auf persönlichen Erfahrungen und Gefühlen basieren. In der schulischen Umgebung kann dies bedeuten, dass ein Lehrer, der selbst unsicher oder ängstlich ist, diese Unsicherheit auf einen Schüler überträgt, der ohnehin schon mit Depressionen zu kämpfen hat.

Um eine solche Gegenübertragung zu verhindern, ist es wichtig, dass der Lehrer sich seiner eigenen Emotionen und Unsicherheiten bewusst ist und aktiv daran arbeitet, sie nicht auf den Schüler zu projizieren. Stattdessen sollte der Lehrer sein Bestes geben, um dem Schüler ein Gefühl von Zuversicht und Kontrolle zu vermitteln, indem er Verständnis, Unterstützung und positive Ermutigung bietet. Auf diese Weise kann die Abwärtsspirale durchbrochen werden, der Schüler kann das Vertrauen in seine Fähigkeiten wiedererlangen und Schritt für Schritt an seiner Genesung arbeiten.

Grenzen

Auch wenn Lehrer Verständnis dafür haben, dass es ein Warum gibt für jedes Schülerverhalten, sind sie trotzdem noch zuständig für die Aufrechterhaltung des Unterrichts für die ganze Klasse. Insofern muss dort – anders als im Therapiesetting – immer auf eine Einhaltung der Klassenregeln hingewirkt werde. Zudem sollte ein Lehrer ohne Ausbildung im Umgang mit zurückliegenden, teils traumatischen Erfahrungen nicht bewusst zu diesen vordringen wollen, da er damit nicht professionell umgehen kann, zum Teil sogar zielgerichtet Retraumatisierungen auslöst.

Tabu

Lehrer, die nicht anerkennen, dass auch viel frühere und lang vergangene Erlebnisse eines Schülers diesen so geprägt haben können, dass er bestimmte Verhaltensweisen nicht zu kontrollieren vermag.

Lehrer sollten es vermeiden, Grenzen von Schülern zu überschreiten, wenn sie hinsichtlich der Entstehung von psychischen Problemen im privaten Raum eindringlich nachfragen oder gar Fragen nach traumatisierenden Erfahrungen stellen.

Transferpause Dreischritt-Konzept:

Wie transferieren Sie diese Erkenntnisse auf Ihren Umgang mit bestimmten Schülern?

Notieren Sie sich, wenn Sie im Hinblick auf bestimmte Schüler achtsamer kommunizieren möchten.

Systemische Therapie nach Virginia Satir

Der Grundgedanke der systemischen Therapie ist, dass psychische Erkrankungen nicht isoliert, sondern immer im Kontext sozialer Systeme betrachtet werden müssen. Dies lässt sich ebenfalls auf den schulischen Kontext übertragen, weshalb daraus Rückschlüsse für die Entwicklung unserer Pädagogik gezogen wurden. Auch in dieser Therapieform finden sich viele Überschneidungen zu anderen Therapieformen.

Grundgedanken der systemischen Therapie

Der systemische Gedanke wurde erstmals in den 1950er-Jahren formuliert. Als »Mutter« dieser Therapieform wird Virginia Satir genannt, die entscheidend die Methodik entwickelt hat (Satir 1978). Die systemische Therapie unterscheidet sich nach Angaben ihrer Vertreter von anderen Therapiearten, z. B. der kognitiven Verhaltenstherapie, dadurch, dass weitere Mitglieder des für den Patienten relevanten Umfeldes in die Behandlung einbezogen werden. Probleme eines Einzelnen werden nicht als individuelle Schwächen oder Störungen angesehen, sondern als Ergebnis von Wechselwirkungen innerhalb des Systems.[30]

Wer bietet diese Therapie an? Systemische Kinder- und Jugendlichentherapeuten, systemische Berater

Welche Rückschlüsse lassen sich für den pädagogischen Kontext ziehen?

Hilfreich ist Lehrerhandeln, das

- die Komplexität des Systems beachtet, in dem die Schüler sich bewegen;
- Strategien aufzeigt, wie Schüler mit dem Druck durch die »Aussiebfunktion« des Schulsystems umgehen können;
- Schulmobbing und Schulbullying entgegenwirkt;
- den Klassenzusammenhalt stärkt durch soziale und kooperative Lernformen;
- die Erziehungsberechtigten in schulische Prozesse einbindet.

Umgang mit der Komplexität des Systems

Es hilft den Schülern bereits, wenn Lehrer ein Verständnis für die komplexen Erwartungen haben, denen sich die Schüler heutzutage

30 Die aktuelle systemische Therapie basiert auf einer Vielzahl an Ansätzen und Autoren, erklärend hierzu: Levold u. Wirsching (2023), S. 45 ff.

ausgesetzt fühlen. Sie sind oft in der Phase der Pubertät überfordert in der Selbstfindung und fühlen sich minderwertig im Vergleich mit den offen auf verschiedenen Social-Media-Kanälen zur Schau gestellten Leben von anderen ihres Alters. Häufig ist es schon hilfreich, wenn in der Klasse ein Austausch über einzelne Herausforderungen der Schüler angeregt wird. So können die Mitschüler voneinander erfahren, dass alle bestimmte Unsicherheiten und Probleme haben. Oft entspinnt sich darüber aber auch eine Diskussion um Lösungen und unterschiedliche Strategien, wie die Schüler diesen begegnen können. Ich erlebe viele starke Lehrkräfte, die schildern, wie sie das Gefühl haben, die ganze große Struktur im Raum für die Schüler halten zu wollen, ihnen einen Rahmen zu geben, in dem alle Fäden zusammenlaufen. Wenn ein Lehrer es schafft, seinen Schülern dieses Gefühl des Gesehenwerdens zu vermitteln und einen Halt gebenden Rahmen, erwächst daraus für die Schüler eine Sicherheit, die wesentlich zur psychischen Stabilität beitragen kann.

Umgang mit der »Aussiebfunktion« des Schulsystems

Es ist bedauerlicherweise eine Tatsache, dass der Druck, dem unsere Schüler durch Klausuren, Prüfungen und Abschlüsse ausgesetzt sind, oft einen erheblichen Einfluss auf ihren Alltag und auch auf ihre psychische Gesundheit hat. Selbst leistungsstarke Schüler an Gymnasien können aufgrund des Mangels an Studienplätzen in einen paralysierten Zustand geraten, wenn sie Klausuren zurückbekommen, die schlechter als »sehr gut« sind. In dieser Hinsicht zeigt sich, dass das Bildungssystem einige Mängel aufweist. Als Lehrer können wir unseren Schülern in dieser Situation lediglich Unterstützung bieten, indem wir sie mit Berufsberatungen, Jugendberufsagenturen und Studienberatungen in Kontakt bringen. Diese Stellen können oft alternative Wege zur gewünschten Ausbildung aufzeigen oder andere Berufe als »Plan B« gemeinsam mit den Schülern erarbeiten. Das Ausbildungssystem in Deutschland unterliegt einem großen Wandel. Nicht nur, dass es fortwährend neue Ausbildungszweige gibt, auch private Schulen, Universitäten und duale bzw. digitale Studiengänge haben zu einer großen Erweiterung der Möglichkeiten geführt. Auch wenn der Ausbildungsmarkt kaum noch überschaubar ist, sehe ich darin doch stark verbesserte Möglichkeiten jedes einzelnen jungen Menschen, ein für sich passendes Bildungskonzept zu finden.

Umgang mit Schulmobbing und Schulbullying

In schulischen Kontexten ist Mobbing durch Mitschüler von herausragender Bedeutung. Ein professioneller Lehrer handhabt Schulmobbing und Schulbullying auf einfühlsame Weise, indem er sensibel auf erste Anzeichen reagiert. Bullying und Mobbing sind ein Problem, das im Verantwortungsbereich der Schule liegt. Begreift man Fälle von Mobbing oder Bullying als Chance zu einem besseren Miteinander, dann kann die Klasse lernen, dass es konstruktivere Wege aus schwierigen Situationen gibt (Rotthaus 2022, S. 100).

In diesem Zusammenhang sind Gespräche sowohl mit den Tätern als auch den Opfern von entscheidender Bedeutung, wobei eine Einbindung der Eltern in diesen Prozess von großer Wichtigkeit ist.

Am allerwichtigsten und keinesfalls selbstverständlich ist jedoch die unverzügliche Intervention seitens der Lehrer bei jeglicher Form von Mobbing. Es bietet sich an, Mobbing im Unterricht zu thematisieren oder einen speziellen Projekttag zu diesem Thema zu veranstalten.

In den meisten Schulen stehen bewährte Mechanismen zur Verfügung, um das Problem so rasch wie möglich anzugehen und zu lösen. Sollte es einem Lehrer nicht gelingen, das Mobbing in der Klasse zu stoppen, erweist es sich als äußerst hilfreich, externe Unterstützung zu organisieren und sich kurzfristig von Kollegen oder der Schulleitung unterstützen zu lassen. Um den Rahmen dieses Buches nicht zu sprengen, mochte ich hier auf zwei Programme verweisen, mittels derer aktiv und nachhaltig gegen Mobbing vorgegangen werden kann:

- das Anti-Mobbing-Konzept nach Dan Olweus (Olweus 2004; Jannan 2015);
- *Pro Mensch – kontra Mobbing* von Holger Wyrwa (2016; siehe auch 2012).

Den Klassenzusammenhalt stärken durch soziale und kooperative Lernformen

Soziale und kooperative Lernformen tragen auf unterschiedliche Weise dazu bei, die Schüler einer Klasse zu stärken. Soziale Interaktion und Teamarbeit können das Gemeinschaftsgefühl fördern und so auch Mobbing vorbeugen. Wenn Schüler die Erfahrung machen, dass Aufgaben gemeinsam besser gelöst werden können, stärkt das das soziale Miteinander und führt oft zu einem respektvolleren

Umgang untereinander. Als Erstes denken Lehrer bei kooperativen Lernformen an Gruppenarbeit von 3 bis 5 Schülern. Ich persönlich favorisiere im Unterrichtsalltag oft nur eine Partnerarbeit, wobei die Partner nicht die Sitznachbarn sein sollten, sondern im Wechsel immer unterschiedliche Mitschüler. Für solche Zusammenarbeit bieten sich nicht nur Aufgaben an, bei denen am Ende eine Lösung präsentiert werden muss, sondern es können auch gegenseitige Interviews angeleitet werden, um den Stoff der Vorstunde zu wiederholen. Bei der Bewertung der Ergebnisse kooperativer Lernformen gilt es unbedingt zu beachten, dass einzelnen Schülern keine Nachteile durch mangelhafte Leistungen ihrer Gruppenpartner entstehen. Es kann zu starken Spannungen unter den Gruppenmitgliedern führen, wenn sich Schüler hilflos einer unkontrollierbaren Situation und damit auch Bewertung ausgeliefert fühlen. Es gilt also immer sicherzustellen, dass das kooperative Lernen für jeden Einzelnen als bereichernd empfunden wird.

Erziehungsberechtigte in Prozesse einbinden

Die Erziehungsberechtigten sind die wichtigsten Bezugspersonen für Schüler. Ich finde eine gute Elternarbeit[31] in zweierlei Hinsicht sehr bedeutend. Grundsätzlich ist es wichtig, dass Eltern und Lehrer ein Team sind. Sie sollten einander vertrauen, dass sie beide das Beste für den Schüler wollen und in seinem Sinne versuchen, diesen zu unterstützen. Dies ist nicht nur in einer aktuellen Krisensituation wichtig, sondern sollte die Grundhaltung in jedem Kontakt zwischen Lehrern und Erziehungsberechtigten sein.

Schulische Bewertungen entscheiden oft darüber, welchen weiteren akademischen Bildungsweg ein Schüler einschlägt. Als Lehrer sind wir ein integraler Bestandteil dieses Systems, und wir verstehen, dass Noten den Entwicklungsstand und die Fähigkeiten der Schüler zum Zeitpunkt der Beurteilung widerspiegeln. Abseits einer depressiven Erkrankung ist die Leistungsbewertung das herausragende Thema zwischen Schule und Elternhaus.

Konkret bedeutet dies, dass beispielsweise in Klasse 10 eine Oberstufenprognose ausgestellt wird, wenn die schulischen Leistungen zeigen, dass der Schüler die Anforderungen des aktuellen Unter-

31 Elternarbeit steht hier nicht nur für die biologischen Eltern, sondern für die Erziehungsberechtigten oder auch andere, sich dem Kind verpflichtet fühlende Personen in den Familien oder Ausbildungsbetrieben.

richts bewältigen kann. Die Schule geht dann davon aus, dass er auch die Anforderungen der Oberstufe meistern wird. Leider stelle ich immer wieder in Gesprächen mit Eltern fest, dass hier ein Kommunikationsdefizit besteht. Während Eltern befürchten, dass die Schule ihrem Kind den Weg zu einer akademischen Laufbahn versperrt, wenn die Oberstufenprognose negativ ausfällt, denken Lehrkräfte häufig, dass der Jugendliche auf diesem akademischen Weg wahrscheinlich scheitern wird, und empfehlen stattdessen, einen anderen Bildungsweg einzuschlagen. Einen Weg, der ihm Erfolgserlebnisse anstelle ständiger Frustrationen verschafft und bei dem er sein individuelles Potenzial besser entfalten kann.

Im Folgenden biete ich Ihnen ein paar Tipps für Elterngespräche außerhalb einer aktuellen Krise eines Kindes oder Jugendlichen an:

- Zeigen Sie Verständnis dafür, dass es Eltern Angst macht, wenn ihr Kind bestimmte Optionen des akademischen Systems zu verlieren droht.
- Stellen Sie klar, dass Sie den Jugendlichen unbedingt in seiner Entwicklung und seinem Werdegang – und nicht nur hinsichtlich seiner Leistungsergebnisse – unterstützen wollen.
- Betonen Sie im Elterngespräch die Stärken des Schülers, auch wenn diese abseits des bewertbaren Raums liegen.
- Versuchen Sie, sich selbst, die Eltern und den Schüler als Team in der Begleitung des Schülers zu sehen.

Wenn es gelingt, ein solches Vertrauensverhältnis zwischen Lehrern und Eltern aufzubauen, hat dies weitreichende positive Auswirkungen. Zum einen fühlen sich die Eltern besser betreut und unterstützt, was dazu beiträgt, dass keine Front gegen die Schule im privaten Bereich entsteht. Zum anderen trägt dies dazu bei, dass der Schüler sich weiterhin gut aufgehoben und unterstützt fühlt, selbst wenn die schulischen Bewertungen nicht den Erwartungen entsprechen.

Eine erfolgreiche Zusammenarbeit mit den Erziehungsberechtigten ermöglicht es, die Unterstützung für den Schüler widerspruchsfrei zu gestalten. Lehrer können auch darauf hinwirken, dass Eltern ein gesundes Maß an Verantwortung für ihre Kinder übernehmen. Dies kann beispielsweise bedeuten, dass Lehrer die Eltern ermutigen, den Leistungsdruck auf die Schüler nicht unnötig zu erhöhen oder ihren Kindern die Möglichkeit zu geben, eigenständig Hausaufgaben zu erledigen und Referate zu erstellen.

Es ist von entscheidender Bedeutung, was wir von den Eltern erwarten und wie wir diese Erwartungen auf Elternabenden kommunizieren. Die Elternschaft ist äußerst vielfältig. Einige Eltern lassen ihre Kinder weitgehend eigenständig durch die Schulzeit gehen, während andere sehr aktiv an der schulischen Laufbahn ihrer Kinder teilnehmen. Daher ist es wichtig, eine offene Kommunikation zu fördern und die Bedürfnisse und Erwartungen aller Eltern angemessen zu berücksichtigen. Trotz vielfältiger Unterschiede können wir den Erziehungsberechtigten auf Elternabenden folgende vier Punkte im Sinne der Prävention psychischer Erkrankungen immer wieder ans Herz legen:

1) Akzeptieren Sie die Gefühle der Kinder und suchen Sie das Gespräch!
2) Führen Sie gleichbleibende Rituale in der Familie ein, da sie Sicherheit geben und damit Stress vorbeugen!
3) Fördern Sie die Eigenständigkeit des Kindes und loben Sie gezielt!
4) Fördern Sie den körperlichen Ausgleich der Kinder!

Grenzen

Lehrer bewegen sich selbst innerhalb eines Systems, in dem auch der Schüler sich bewegt, der Schule. So können sie nur in diesem System für Unterstützung sorgen, und selbst hier werden viele Konflikte, z. B. Probleme zwischen Mitschülern, nicht vollkommen für sie sichtbar.

Tabu

Lehrer sollten keine »Konsequenzen« androhen bei unzureichenden Leistungen. Sie sollten jeder Art der Angstmacherei oder der Bagatellisierung von Mobbing entgegentreten. Lehrer sollten es vermeiden, gegen die Eltern oder Erziehungsberechtigten eine Front entstehen zu lassen.

Transferpause Dreischritt-Konzept:

Überlegen Sie, welche der oben genannten Beispiele Sie besonders angesprochen haben. Vielleicht können Sie sie schon direkt im Unterricht in der nächsten Woche berücksichtigen oder umsetzen. So können Sie selbst wirksam werden und den bestmöglichen Nutzen aus der Lektüre dieses Buches ziehen.

Nehmen Sie sich aber auch Zeit zu reflektieren, inwiefern Sie schon ganz viel von dem tun, was depressiven Schülern hilft und andere davor bewahrt, psychisch zu erkranken.

2.3.6 Erwartungsmanagement

Wie bereits erläutert, stehen Lehrer vor erheblichen Herausforderungen, wenn sie mit Schülern konfrontiert werden, die unter psychischen Erkrankungen wie Depressionen leiden. Um ihre eigene Burn-out-Prävention sicherzustellen, ist es von entscheidender Bedeutung, dass Lehrer ein realistisches Erwartungsmanagement praktizieren.

Im Umgang mit depressiven Schülern ist es wichtig, dass Lehrer klare Ziele für sich selbst setzen. Natürlich wünschen sich Lehrer, dass es ihren Schülern gut geht, dass sie gesund sind und gute schulische Leistungen erbringen können. Doch oft führt dieser Wunsch dazu, dass Lehrer unrealistische Ziele setzen, die für sie selbst kaum erreichbar sind und daher starke Frustration verursachen können.

In meinen Fortbildungen höre ich immer wieder von Lehrern, die sich fragen:

> *»Was muss ich tun, damit mein Schüler gesund wird?«*
>
> *»Was muss ich tun, damit mein Schüler wieder gute Leistungen zeigt?«*

Während sie diese Fragen stellen, steht in ihrem Gesicht schon oft Verzweiflung geschrieben, da ihnen möglicherweise unbewusst schon klar ist, dass sie sich mit diesen Zielen völlig überfordern. Ihre Ziele wären im ersten Fall erreicht, wenn der Schüler wieder gesund wäre, und im zweiten Fall, wenn er bestimmte Leistungen zu erbringen in der Lage wäre. Diese Ziele zeugen von einer starken Anteilnahme am Leiden ihrer Schüler. Gleichzeitig drücken sie aus, dass die Lehrer sich für deren Entwicklung verantwortlich fühlen. An diesem Punkt ist es jedoch wichtig, dass Lehrer ihre Erwartungen an ihr eigenes Handeln klären. Sie sollten nur von sich erwarten, was in ihrem persönlichen Verantwortungsbereich liegt, der sich auf ihr pädagogisches Handeln im Klassenraum erstreckt. Die genannten Ziele hingegen liegen beide im inneren Bereich des Schülers. Alle Erfolge des Schülers liegen außerhalb der direkten Kontrolle des Lehrers.

Daher ist es wichtig, Ziele zu definieren, die eigeninitiiert werden können. Ein Ziel ist *eigeninitiiert*, wenn die Person die Kontrolle über den Prozess und die Umsetzung des Ziels hat. Daher sollten Lehrer, wenn sie mit psychisch kranken Schülern umgehen, immer fragen:

> *»Was kann ich genau tun, um den Schüler bestmöglich zu unterstützen?«*

Die Antwort sollte klar definiert sein. Je nach Ressourcen könnte die Lehrkraft für sich beschließen:

> *»Ich habe den Schüler bestmöglich unterstützt, wenn ich ihn nächsten Dienstag nach der letzten Stunde im Gruppenraum auf meine Wahrnehmung hin anspreche und seine Eltern beim nächsten Elterngespräch über meine Wahrnehmungen informiere.«*

Darüber hinaus kann der Lehrer für sich weitere Eckpfeiler definieren, wie z. B.:

Ich habe den Schüler bestmöglich unterstützt, wenn

- ich mit ihm abspreche, wie sehr ich ihn in dieser Zeit herausfordere im Unterrichtsalltag;
- ich darauf achte, dem Schüler wertschätzend entgegenzutreten;
- ich meine Anforderungen an ihn transparent mache;
- ich ihm Aufgaben gebe, die er bewältigen kann;
- ich darauf achte, ihm gegenüber Zuversicht hinsichtlich seiner Entwicklung auszustrahlen.

Setzen Sie sich mit dem Gefühl auseinander, dass Sie keine Kontrolle über die Gesundung Ihrer Schüler haben und Sie diese Frustration bewältigen müssen, um Kraft für eine solide Unterstützung zu behalten.

Transferpause Dreischritt-Konzept:

Überprüfen Sie Ihre gesetzten Ziele auf Eigeninitiierbarkeit/ Selbstinitiierbarkeit.

Formulieren Sie Indikatoren, die anzeigen, wann Sie in Ihrem Rahmen genug getan haben.

2.3.7 Welches konkrete Handeln ist sinnvoll gegenüber den sechs Beispielschülern?

In Abschnitt 2.1.15 haben wir sechs Schüler kennengelernt, bei denen unterschiedliche Symptome auf eine mögliche Depression hindeuten. Zur Erinnerung:

- Alara zeigte recht eindeutige Symptome der sozialen Isolation, Leistungsabfall und Verlangsamung.
- Ben fiel auf durch untypisch hohe Anspannung und motorische Unruhe.
- Can hingegen fiel vor allem durch seine Außenseiterposition und das Mobbing auf, dem er ausgesetzt war.
- Denise wurde aufgrund ihrer Suizidäußerungen als Notfall eingeschätzt.
- Emil zeigte in einem Fach starken Widerstand und wenig Interesse an Integration.
- Fenja, die bereits in Behandlung war, litt unter den Nebenwirkungen ihrer Medikamente.

Alle diese Schüler zeigen auffälliges Verhalten, das auf eine akut bestehende Depression hindeuten könnte. Ergänzend zu den Ausführungen zum pädagogischen Handeln sollten wir das Verhalten aller sechs Schüler ansprechen und bei Minderjährigen auch ihre Eltern darüber informieren sowie in das weitere Vorgehen einbeziehen. Bei Denise, die als Notfall gilt, müssen wir sicherstellen, dass sie sofort ärztliche Unterstützung erhält. Den anderen Schülern sollten wir unsere Beobachtungen bezüglich der Depressionssymptome mitteilen und ihnen – bis auf Emil – dringend raten, diese von einem Arzt abklären zu lassen. Bei Bedarf können wir Informationsmaterial sowohl an die Schüler als auch an ihre Eltern weitergeben.

Abschließend sollten wir klären, wie wir im Unterricht mit ihnen umgehen. In diesem Zusammenhang gibt es einige Überlegungen zu berücksichtigen. Grundsätzlich hat die Diagnose einer Depression keinen Einfluss darauf, wie Lehrkräfte die Schüler bewerten. Dennoch können wir individuelle Vereinbarungen treffen.

Im Folgenden soll nun thematisiert werden, welche pädagogischen und didaktischen Interventionen aus dem dritten Schritt des Konzepts »Wahrnehmung – Kontakt – pädagogisches Handeln«, dem pädagogischen Handeln im Unterrichtsalltag, für die einzelnen Schüler besonders wertvoll sein könnten.

Fall 1: Alara – soziale Isolation, Leistungsabfall, Verlangsamung

Alara zeigt oft Unpünktlichkeit im Unterricht. Es ist wichtig, ihr zu verdeutlichen, dass wir als Lehrer Verständnis für ihre Situation haben, aber dennoch die schulischen Regeln bezüglich Verspätungen und Fehlzeiten gelten. Es ist ratsam, klare Erwartungen für ihr Verhalten im Unterricht zu setzen, um eine strukturierte Umgebung zu schaffen. Gemeinsam mit Alara können wir überlegen, wie sie ihren Morgen so gestalten kann, dass es ihr leichter fällt, rechtzeitig in der Schule zu erscheinen.

Des Weiteren hat Alara sich aus dem sozialen Gefüge der Klasse zurückgezogen. Um sie besser in die Klassengemeinschaft einzubinden, können kooperative Lernmethoden und eine vom Lehrer festgelegte Sitzordnung helfen, die jedem Schüler einen passenden Sitznachbarn zuweist. Für Schüler, die sozial isoliert sind, ist es von großer Bedeutung, kooperative Lernformen wie Partnerinterviews und Gruppenarbeiten regelmäßig in den Unterricht zu integrieren und auf einen respektvollen Umgang der Schüler untereinander zu achten. Gespräche zwischen Lehrern und Schülern sollten grundsätzlich den Fokus auf individuelle Stärken und Ressourcen legen. Dies kommt der gesamten Klasse zugute, da damit die innere Stärke jedes einzelnen Schülers gefördert wird und ihre Selbstwahrnehmung positiv beeinflusst werden kann.

Alara äußert trotz ihrer schulischen Leistungen Selbstzweifel, wie zum Beispiel »Ich bin eine Versagerin«. Hier ist es wichtig, diesen negativen Selbstbildern entgegenzutreten, indem wir sie korrigieren und gemeinsam mit Alara Lösungen anstelle von Problemen in den Fokus stellen. Zudem ist es hilfreich, der Schülerin zu vermitteln, dass depressive Phasen vorübergehen, und Zuversicht zu schaffen, dass es ihnen wieder besser gehen kann. Diese Zuversicht kann sich positiv auf die Schüler auswirken und ihnen die Kraft geben, den Alltag zu bewältigen, selbst wenn er für sie schwieriger ist als für ihre Mitschüler.

In Bezug auf Alara könnten folgende Überlegungen für das pädagogische Handeln leitend sein:

1) Kontakt zum Beratungssystem aufnehmen, um ärztliche Hilfe zu organisieren;
2) klare Erwartungen setzen für pünktliches Erscheinen im Unterricht;

3) Integration in die Klassengemeinschaft durch kooperative Lernmethoden und festgelegte Sitzordnung;
4) negative Selbstzweifel korrigieren und Zuversicht vermitteln.

Transferpause Dreischritt-Konzept:
Welche weiteren pädagogischen Interventionen und Methoden würden Sie in diesem Fall stattdessen oder zusätzlich wählen?

Fall 2: Ben – große innere Anspannung

Ben unterscheidet sich von Alara dadurch, dass er regelmäßig pünktlich zum Unterricht erscheint und gut in die Klassengemeinschaft eingebunden ist. Allerdings fällt er durch starke motorische Unruhe auf und stört seine Mitschüler durch Ärgern und Ablenken. Bens Symptome werden von kaum jemandem sofort mit depressivem Verhalten in Verbindung gebracht.

In Bezug auf Ben sollte Kontakt zum Beratungssystem aufgenommen werden, um in Gesprächen Verständnis dafür zu schaffen, dass auch Ben auffällige Symptome zeigt und eventuell einen Leidensdruck hat, der ärztlich abgeklärt werden müsste. Zudem ist ein Elterngespräch erforderlich, da Ben minderjährig ist.

Bei Schülern wie Ben ist es meiner Erfahrung nach sehr hilfreich, klare Erwartungen an ihn zu kommunizieren. Für Ben bedeutet dies, sich auf seine Aufgaben zu konzentrieren und seinen inneren Druck anders zu bewältigen, anstatt seine Mitschüler zu ärgern.

Es ist wichtig, mit Ben gemeinsam zu überlegen, welche Unterstützung ihm helfen kann, im Unterricht zu Ruhe und Konzentration zu kommen. Wir sollten Schüler wie ihn ermutigen, neues Verhalten zu erlernen. Es ist erstaunlich, wie aufgeschlossen Schüler wie Ben sein können, wenn wir ihnen zum Beispiel die Möglichkeit bieten, Entspannungsübungen in den Unterricht zu integrieren.

Es ist für Lehrer nicht immer einfach, zu akzeptieren, dass auch ein motorisch unruhiger Schüler, der andere ärgert, selbst unter Leidensdruck stehen kann und neben dem Schutz der Mitschüler auch die Aufmerksamkeit und Zuwendung der Lehrkraft benötigt. Genauso kann es hilfreich sein, Bens Eltern einzubeziehen, da Ben minderjährig ist. Lehrer vermögen manchmal depressive Symptome besser zu erkennen als Eltern, die oft aufgrund der Pubertät wenig Zugang zu ihren Kindern haben.

In Bezug auf Ben könnten folgende Schritte unternommen werden:

1) Kontakt zum Beratungssystem aufnehmen, um ärztliche Hilfe zu organisieren;
2) Elterngespräch führen, um über Bens psychische Gesundheit zu informieren und für seinen möglicherweise vorhandenen Leidensdruck zu sensibilisieren;
3) klare Erwartungen an sein Verhalten im Unterricht kommunizieren;
4) Unterstützung besprechen, um mit motorischer Unruhe umzugehen;
5) Möglichkeiten zur Förderung von Ruhe und Konzentration im Unterricht erörtern;
6) Verständnis zeigen, dass auch ein motorisch unruhiger Schüler Unterstützung benötigt.

Transferpause Dreischritt-Konzept:
Welche weiteren pädagogischen Interventionen und Methoden würden Sie in diesem Fall stattdessen oder zusätzlich wählen?

Fall 3: Can – abseits der Klassengemeinschaft

Im Seminar wurde die Situation von Can besprochen, und die Teilnehmenden äußerten den Wunsch, dass Can neben der Empfehlung, sich einem Arzt anzuvertrauen, auch umfassende schulinterne Unterstützung erhält. Dies wird damit begründet, dass Can bisher wenig Aufmerksamkeit und Bestätigung von der Klassengemeinschaft erhalten hat.

Can leidet unter Mobbing. Als Lehrer ist es unsere Aufgabe, eine vertrauensvolle Umgebung im Klassenzimmer zu schaffen, in der sich die Schüler sicher, bestenfalls geborgen und gehalten fühlen. Im Fall von Schulmobbing und Bullying müssen unsere pädagogischen Interventionen über einfaches Team-Building hinausgehen. Wenn abwertende Kommentare in der Klassengemeinschaft auftreten, sollten wir null Toleranz zeigen. Wenn wir feststellen, dass wir mit der Bewältigung des Mobbings überfordert sind und einzelne Schüler wie Can nicht effektiv schützen können, sollten wir externe Hilfe in Anspruch nehmen, sei es über den Beratungsdienst oder einen geeigneten externen Anbieter, der in unserer Klasse und insgesamt in der Schule Regeln und Prozesse im Umgang mit Mobbing etabliert.

Es ist nicht nur unsere Aufgabe als Lehrer, unsere Schüler zu schätzen, sondern auch sicherzustellen, dass die Klasse insgesamt einen respektvollen Umgang miteinander pflegt. Für Can ist es wichtig, regelmäßig die Erfahrung zu machen, dass er in der Lage ist, etwas zu bewirken. Daher benötigt er angemessene Aufgaben durch Binnendifferenzierung und sollte seine Stärken und Ressourcen häufig reflektieren, insbesondere, da durch das Mobbing der Fokus auf vermeintliche Defizite gelenkt wurde.

Da Can minderjährig ist, ist es hilfreich, Cans Erziehungsberechtigte in die Prozesse einzubeziehen und mit ihnen die Maßnahmen der Schule – gerade im Hinblick auf das Mobbing – zu besprechen. In Bezug auf Can sollten folgende Schritte unternommen werden:

1) Kontakt zum Beratungssystem aufnehmen, um ärztliche Hilfe zu organisieren;
2) umfassende schulinterne Unterstützung vom Klassen- und Beratungsteam sicherstellen;
3) null Toleranz gegenüber Mobbing in der Klasse etablieren;
4) bei Bedarf externe Hilfe über den Beratungsdienst hinzuziehen;
5) respektvollen Umgang in der Klasse fördern;
6) Erziehungsberechtigte informieren und Begleitung ermöglichen.

Transferpause Dreischritt-Konzept:
Welche weiteren pädagogischen Interventionen und Methoden würden Sie in diesem Fall stattdessen oder zusätzlich wählen?

Fall 4: Denise – schwere Depression, Suizidalität, akute Notlage

Schülerinnen wie Denise befinden sich in einer akuten Notlage aufgrund ihrer Depression. Es ist von größter Wichtigkeit, dass Denise, obwohl sie ruhig über ihre Suizidgedanken redet, unverzüglich darauf angesprochen und sofortige Hilfe organisiert wird. Dies beinhaltet die Information der Eltern und ggf. die Herstellung eines direkten Zugangs zu einer psychiatrischen Klinik, z. B. durch das Anfordern eines Rettungswagens zur Einlieferung in die Klinik bei akuter Suizidalität. Sollte eine Überweisung über den Hausarzt erforderlich sein, ist es entscheidend sicherzustellen, dass der Arzt darüber informiert ist, dass Denise Suizidgedanken geäußert hat. Die weitere Abklärung und gegebenenfalls die Einweisung in eine stationäre Therapie können dann über den Arzt erfolgen.

Zusätzlich ist es wichtig, die Solidarität und das Verständnis der Mitschüler zu fördern. Eine Möglichkeit hierfür besteht darin, dass die Mitschüler Karten schreiben an die Mitschüler, die sich gerade in einer psychiatrischen Klinik befinden. Diese Karten sollen verdeutlichen, dass psychische Erkrankungen ein Teil unserer Gesellschaft sind und dass die Betroffenen Unterstützung, Mitgefühl, Sensibilität und Verständnis benötigen, genauso wie andere Schüler, die mit rein körperlichen Erkrankungen längere Klinikaufenthalte haben.

In Bezug auf Denise könnten folgende Schritte zur Unterstützung eingeleitet werden:

1) Sofortige Ansprache der Suizidgedanken und Organisation direkter Hilfe;
2) Informierung der Eltern und Einleitung einer psychiatrischen Betreuung/Behandlung;
3) Zusammenarbeit mit dem Beratungsdienst, um eine angemessene Unterstützung sicherzustellen;
4) gegebenenfalls Versendung von Karten der Mitschüler in die Klinik, um generell Depression zu entstigmatisieren und Solidarität zu zeigen.

Transferpause Dreischritt-Konzept:
Welche weiteren pädagogischen Interventionen und Methoden würden Sie in diesem Fall stattdessen oder zusätzlich wählen?

Fall 5: Emil – Ablehnung von Leistung und sozialer Integration

Emil stellt einen unklaren Fall dar, da wir uns unsicher darüber sind, wie hoch sein Leidensdruck ist. Es könnte sein, dass er sich nur in einem bestimmten Fach auffällig zeigt, aber es ist auch möglich, dass er depressive Symptome hat, die er gut verbirgt und die nur in bestimmten Kontexten zum Vorschein kommen. Daher ist es wichtig, sowohl mit Kollegen als auch direkt mit Emil zu sprechen, um mehr über seine Situation zu erfahren.

Obwohl Emil sozial gut integriert zu sein scheint und nicht unbedingt nach zusätzlicher Wertschätzung verlangt, ist es dennoch wichtig, ihm Rückhalt zu bieten und ihn in seinen schulischen Fähigkeiten zu ermutigen. Selbst wenn die Noten in einem bestimmten Fach für Emil möglicherweise nicht von großer Bedeutung sind, kann Transparenz über den Sinn der Unterrichtsinhalte dazu beitragen, dass Emil mehr von seinem Unterricht profitiert und ein Interesse an den Inhalten entwickelt, auch wenn sie nicht für seinen Abschluss relevant sind. Es ist förderlich für die Selbstwahrnehmung der Schüler, wenn sie sich als leistungsfähig wahrnehmen und ihre Stärken gespiegelt bekommen.

In Bezug auf Emil könnten folgende Überlegungen für das pädagogische Handeln leitend sein:

1) Gespräche mit Kollegen und Emil führen, um seine Situation besser zu verstehen;
2) Rückhalt und Ermutigung in Bezug auf schulische Fähigkeiten bieten;
3) Transparenz über Unterrichtsinhalte schaffen, um sein Interesse zu wecken;
4) positive Bestätigung und Betonung seiner Stärken, um seine Selbstwahrnehmung zu unterstützen.

Transferpause Dreischritt-Konzept:
Welche weiteren pädagogischen Interventionen und Methoden würden Sie in diesem Fall stattdessen oder zusätzlich wählen?

Fall 6: Fenja – therapeutische Begleitung und Nebenwirkungen von Medikamenten

Fenja befindet sich bereits in therapeutischer Behandlung, und sie hat eine stationäre Therapie hinter sich. Dies stellt sie vor besondere Herausforderungen in Bezug auf die schulischen Erwartungen. Es ist von großer Bedeutung, ihr zu zeigen, dass wir als Lehrer anerkennen, wie schwer es für sie ist, sich wieder in den Schulalltag zu integrieren.

Trotz der Nebenwirkungen ihrer Medikamente bemüht sich Fenja, und wir sollten ihre Anstrengungen trotz eines möglichen Leistungsabfalls wertschätzen. Fenja kann davon profitieren, wenn wir ihr kontinuierlich Möglichkeiten bieten, ihre Selbstwirksamkeit zu erfahren, indem wir Aufgaben differenzieren und ihr solche geben, die sie bewältigen kann. Auch bei ihr ist eine ressourcenorientierte Sichtweise anstelle eines defizitorientierten Blicks wichtig.

Fenjas Begleitung erfordert Einfühlungsvermögen, und die Schule kann in diesem Prozess eine unterstützende Rolle spielen.

In Bezug auf Fenja könnten folgende Überlegungen für das pädagogische Handeln leitend sein:

1) Anerkennung ihrer besonderen Herausforderungen aufgrund ihrer therapeutischen Behandlung und der stationären Therapie;
2) Wertschätzung ihrer Anstrengungen trotz der Nebenwirkungen von Medikamenten und eines möglichen Leistungsabfalls;
3) Schaffung von Möglichkeiten zur Förderung ihrer Selbstwirksamkeit durch differenzierte Aufgabenstellungen;
4) Betonung einer ressourcenorientierten Sichtweise anstelle eines defizitorientierten Blicks;
5) einfühlsames Begleiten und Unterstützen, um Fenja in den Schulalltag zu integrieren.

Transferpause Dreischritt-Konzept:
Welche weiteren pädagogischen Interventionen und Methoden würden Sie in diesem Fall stattdessen oder zusätzlich wählen?

2.3.8 Beschließen, dass es genug ist

Nachdem wir uns entschieden haben, unsere geplanten Maßnahmen umzusetzen und die ersten Schritte einzuleiten, sollten wir als Lehrkräfte uns selbst wertschätzen und stolz auf unseren Einsatz zugunsten unserer Schüler sein. Es ist nicht selbstverständlich, dass wir uns so intensiv mit ihren Belangen befassen, und es ist eine wichtige Investition in die Zukunft. Obwohl unsere Arbeit nicht immer ausreichend anerkannt wird, sollten wir unsere Rolle als Bildungsfachleute schätzen. Unsere täglichen Bemühungen, das Leben junger Menschen positiv zu beeinflussen, sind von unschätzbarem Wert und tragen zur Gestaltung einer besseren Zukunft bei. Insofern kommt dann der Punkt, sich zuzugestehen:

Ich habe genug getan!

Nun ist es an der Zeit, für sich zu beschließen, dass man nicht für alles die Verantwortung trägt und es einen arbeitsfähig hält, wenn man in manchen Punkten Zugeständnisse macht und einige innere

Impulse loslässt. In meinen Seminaren formulierten die Teilnehmer folgende Einsichten:

> *»Ich kann nicht der Therapeut meiner Schüler sein.«*
>
> *»Ich kann meine Schüler nicht zur Mitarbeit zwingen.«*
>
> *»Ich kann Eltern nicht zur Mitarbeit zwingen.«*
>
> *»Ich kann kein Ersatzelternteil sein.«*

Zudem fassten die Teilnehmer auch Entschlüsse wie diese:

> *»Ich will mich nicht mit allen Ressourcen auf nur einen Schüler konzentrieren.«*
>
> *»Ich will keine Gespräche außerhalb bestimmter Kontaktzeiten führen.«*

Transferpause Dreischritt-Konzept:

Überlegen Sie, welche der oben genannten Einsichten oder Beschlüsse bei Ihnen auf Resonanz treffen. Seien Sie mutig und geben Sie auch Verantwortung ab.

Notieren Sie sich eine Merkhilfe in Ihren Unterlagen oder an einem Ort, an dem es Sie unterstützt, sich Ihres Wirkbereichs klar zu sein.

3 Schule der Zukunft

Die vergangenen Kapitel haben beleuchtet, wie Sie als einzelner Lehrer im Hinblick auf einzelne Schüler reaktiv und präventiv handeln können. Da das Thema Depression das gesamte Systems Schule betrifft, dient dieses letzte Kapitel dazu, Gedanken anzustellen, was auf anderer Ebene geschehen müsste oder könnte, um Depressionen im System Schule angemessen entgegenzutreten.

3.1 Die politische Seite: Das 10-Punkte-Programm

Im Jahr 2019 wurde in Bayern eine Petition aufgesetzt, in der das Kultusministerium aufgefordert wurde, das Thema Depression stärker in der Ausbildung von Lehrkräften und Fachkräften der Schulsozialpädagogik zu verankern, für eine Einbindung des Themas im Lehrplan und mehr niedrigschwellige Hilfsangebote zu sorgen. Mehr als 44.000 Personen unterschrieben die Petition, und sie war für das bayerische Kultusministerium Anlass, ein 10-Punkte-Programm (Kuhn 2022) zur alters- und entwicklungsgemäßen Aufklärung über Depressionen an Schulen zu erstellen. Da ich das Programm sehr begrüße, möchte ich Ihnen die wesentlichen Forderungen kurz vorstellen:

1) Bereits im Lehramtsstudium wird das Thema Depression berücksichtigt.
2) Seminarlehrkräfte für Psychologie erhalten ein Ausbildungsmodul zum Thema Depressionen für die Ausbildung von Referendaren in der zweiten Phase der Lehrerbildung.
3) Das Beratungsangebot der Schulpsychologen wird vereinheitlicht und durch die Staatlichen Schulberatungsstellen koordiniert.
4) Aufklärung über Depressionen und Angstzustände wird in Form von konkreten Unterrichtsbeispielen in die Online-Ebene der Lehrpläne aufgenommen und den Lehrkräften zur Verfügung gestellt.
5) Lehrkräfte erhalten Informationsmaterialien über das Krankheitsbild und über Modelle der Beratung.

6) Schülern sowie deren Erziehungsberechtigten werden Informationsmaterialien und Ratgeber über die Homepage des Kultusministeriums zur Verfügung gestellt.
7) Ein Lern-/Aufklärungsvideo für Schüler und Erziehungsberechtigte wird erarbeitet und über die Homepage des Kultusministeriums bereitgestellt.
8) An allen Schulen wird eine individuelle Übersicht über innerschulische und außerschulische Hilfsangebote in der Region erstellt und gepflegt.
9) Die Zusammenarbeit der Schulpsychologen und der externen Experten im jeweiligen Schulumfeld wird vertieft.
10) Maßnahmen zur Stärkung der Persönlichkeit der Schüler werden weiterentwickelt und gezielt auf das Thema Depression zugeschnitten.

Der Maßnahmenkatalog hat viel Zuspruch bekommen. Aber wie so oft im System ist bislang bei den einzelnen Schülern noch nicht viel angekommen. Es fehlt schlicht Personal an wichtigen Stellen. Oft kommt auf rund 4000 Schüler nur ein Schulpsychologe und der Fachkräftemangel ist so groß, dass jeder Lehrer und jede Minute für Unterricht gebraucht wird.[32] Es wäre meines Erachtens trotzdem äußerst wünschenswert, wenn die anderen Bundesländer diesen Katalog übernehmen würden. Ich selbst bin in Hamburg tätig und verantworte in der zweiten Hälfte der Lehrerausbildung Seminare und Module zum Umgang mit Depressionen. Angesichts der starken Nachfrage seitens der Lehrkräfte kann ich nur unterstreichen, wie sinnvoll es wäre, diese Thematik fest in die Lehrerausbildung zu integrieren.

3.2 Die schulische Seite: Wofür können wir uns noch einsetzen?

Die Förderung der psychischen Gesundheit in Schulen erfordert eine langfristige Verpflichtung und die enge Zusammenarbeit von Lehrern, Schülern, Eltern und Fachkräften. Durch die Implementierung dieser Maßnahmen können Schulen einen wertvollen Beitrag zur psychischen Gesundheit ihrer Schüler leisten und gleichzeitig eine unterstützende schulische Umgebung schaffen.

32 Eine kritische Beleuchtung dessen findet sich bei Kuhn (2022).

3.2.1 Psychische Erkrankungen – Aufklärung und Prävention

Schulen sollten gezielt Programme zur Aufklärung über psychische Gesundheit und zur Prävention von psychischen Problemen einführen. Diese Programme können verschiedene Formen annehmen, darunter Workshops, Schulungen und Informationsveranstaltungen, die sich gleichermaßen an Schüler, Eltern und Lehrer richten. In vielen größeren Städten werden solche Programme häufig von Teams aus Krankenhäusern und gemeinnützigen Vereinen angeboten.

Wenn Lehrkräfte in der Klasse entsprechende Programme umsetzen, haben sie sogar Vorteile gegenüber Schulpsychologen, da sie bessere Vermittlungsstrategien und eine effektivere Unterrichtsstruktur bieten können. Der Wirkfaktor bei Lehrern ist daher sehr hoch. Sie können im Unterricht Projekte durchführen, die die Strategien im Umgang mit alltäglichen Herausforderungen und soziale Kompetenzen von Schülern stärken. Persönlich bin ich begeistert von der kostenlosen Schulbox Depression[33] der Deutschen Depressionshilfe. Sie enthält Informationen für Lehrkräfte und ist eine ausgezeichnete Grundlage für Unterrichtseinheiten zum Thema Depression.

3.2.2 Aufklärung und Prävention bezüglich des Konsums von Drogen und Alkohol

Auch über den Konsum von Alkohol und Drogen im Klassenverband zu sprechen, ist von großer Bedeutung. Dies gilt insbesondere, wenn einige Schüler aus einem Umfeld kommen, in dem ein verantwortungsvoller Umgang mit Alkohol und Drogen nicht selbstverständlich ist. Als Lehrkraft können Sie in Erwägung ziehen, externe Fachleute einzuladen, um in den Klassen informative Vorträge zu diesem Thema zu halten. Ihre Ansprechpartner für die Organisation solcher Veranstaltungen sind in der Regel die Schulleitung, Schulpsychologen oder Schulsozialarbeiter. Diese können Ihnen Informationen darüber geben, welche Organisationen oder Anbieter solche Veranstaltungen in Ihrem Bundesland oder Ihrer Region durchführen und wie Sie diese für Ihre Schule nutzen können.

3.2.3 Förderung von Sport und Bewegung

Die Förderung von körperlicher Aktivität und Sport in der Schule kann einen erheblichen Einfluss auf die psychische Gesundheit der

33 Verfügbar unter: https://fideo.de/aktuelles/schulbox_depression [17.4.2024].

Schüler haben und sollte daher als ein integraler Bestandteil des schulischen Programms angesehen werden. Es gibt nachweislich positive Auswirkungen auf die körperliche und psychische Gesundheit, wenn Schüler regelmäßig sportlichen Aktivitäten nachgehen. Aus diesem Grund ist es von großer Bedeutung, Sportfeste und außerschulische Sportangebote zu unterstützen und zu fördern.

Ein weiterer wichtiger Aspekt ist die Gestaltung des Schulhofs, um Schülern aller Altersgruppen angemessene Möglichkeiten zur Bewegung zu. Die Bereitstellung von Einrichtungen wie Tischtennisplatten und Basketballkörben kann dazu beitragen, dass Schüler auch während ihrer Pausen oder in ihrer Freizeit körperlich aktiv sind.

Darüber hinaus sollten Schulen Wandertage und Ausflüge so planen, dass sie körperliche Aktivitäten beinhalten und nicht nur einen Besuch im Restaurant. Solche Aktivitäten fördern nicht nur die körperliche Fitness der Schüler, sondern stärken auch das Gemeinschaftsgefühl und den Teamgeist.

Eine weitere Möglichkeit zur Förderung von Sport und Bewegung ist die Zusammenarbeit mit örtlichen Sportvereinen. Viele dieser Vereine suchen nach Möglichkeiten, ihre Mitgliederzahl zu erhöhen, und sind daher oft bereit, mit Schulen zusammenzuarbeiten. Dies kann die Einrichtung von Nachmittags-Arbeitsgemeinschaften (AGs) oder speziellen Kursen einschließen, die von den Schülern freiwillig besucht werden können.

3.2.4 Förderung einer gesunden Ernährung

Die Förderung einer gesunden Ernährung in Schulen ist von entscheidender Bedeutung, da eine ausgewogene Ernährung eine wichtige Rolle für die psychische Gesundheit spielt. Sie liefert dem Gehirn die notwendigen Nährstoffe, die für die Stimmungsregulation, die Bewältigung von Stress und die geistige Gesundheit von großer Bedeutung sind. Obwohl in den letzten zwei Jahrzehnten Fortschritte beim Ausbau von Schulcafeterien und Kantinen erzielt wurden, sind die Mindeststandards für die Qualität des Essens oft noch zu niedrig. Hier besteht dringender Handlungsbedarf auf politischer Ebene.

Ich habe in meinen Jahren an Schulen selbst beobachtet, wie schwierig es ist, mit den begrenzten finanziellen Mitteln Schulmensen zu betreiben, die ausgewogene Mittagessen anbieten können. Dies unterstreicht die Notwendigkeit zusätzlicher Investitionen in die Schulverpflegung.

Ein weiteres Problem ist, dass viele Schüler, wenn sie die Wahl haben, sich zu oft für nährstoffarme und Fast-Food-ähnliche Speisen entscheiden. Als Lehrer können wir in Konferenzen und Gesprächen ggf. auf derartige Missstände hinweisen.

Einige externe Anbieter bieten Gesundheitsförderungsprojekte an Schulen an, bei denen auch die Ernährung Thema ist. Ansonsten bleibt es den Lehrern überlassen, das Thema im Unterricht zu behandeln und Erziehungsberechtigte und Schüler zu ermutigen, sich selbst mit gesunder Nahrung in der Schule zu versorgen.

Die Förderung einer gesunden Ernährung in Schulen erfordert eine umfassende Anstrengung von Lehrern, Schulverwaltungen, Politikern und Eltern. Es ist wichtig, dass wir gemeinsam daran arbeiten, die Ernährungsmöglichkeiten für unsere Schüler zu verbessern, um ihre körperliche und geistige Gesundheit zu fördern.

3.2.5 Zwischenfazit

Es ist entscheidend zu verstehen, dass die Förderung der psychischen Gesundheit ein kontinuierlicher Prozess ist, der das Bewusstsein für die Bedeutung von Ernährung, Bewegung und sozialer Unterstützung für das Wohlbefinden der Schüler einschließt. Es gibt noch viel Raum für Verbesserungen. Als Lehrer ist es oft herausfordernd, zu entscheiden, ob und wie wir uns über unseren Klassenraum hinaus engagieren sollen.

Transferpause Dreischritt-Konzept:

Inwiefern kann ich mir vorstellen, für meine gesamte Schule oder für ganze Klassen Maßnahmen zu ergreifen bzw. zu unterstützen, die dem Wohl der psychischen Gesundheit meiner Schüler dienen?

4 Checklisten

Anhand folgender Checkliste haben Sie die Möglichkeit, Entscheidungen zu treffen, welche pädagogischen Ideen Sie kurzfristig in Ihren Unterrichtsalltag integrieren möchten.

4.1 Checkliste 1: Was mache ich schon, und was möchte ich noch in meinen Unterrichtsalltag integrieren?

	Das mache ich bereits!	Das will ich!	Info im Buch Seite
Ich informiere mich über den Umgang mit depressiven Schülern.			1 ff.
Ich erleichtere den Zugang zu ärztlicher Hilfe.			91
Ich entstigmatisiere psychische Erkrankungen.			92
Ich integriere Techniken zur psychischen Stabilisierung in den Unterricht.			93
Ich schaffe eine humane Umgebung im Klassenzimmer.			94
Ich zeige Empathie.			96
Ich bemühe mich um gute Kommunikation.			96
Ich bin kongruent.			97
Ich akzeptiere meine Schüler.			97
Ich wertschätze meine Schüler.			99
Ich fördere die Wertschätzung in der Klasse.			100
Ich korrigiere negative Selbstaussagen.			104
Ich motiviere für neues Verhalten.			105
Ich ermögliche Konfrontationen.			107
Ich fokussiere Lösungen statt Problemen.			110
Ich identifiziere Stärken und Ressourcen.			111
Ich ermögliche Selbstwirksamkeitserfahrungen durch Binnendifferenzierung.			114
Ich ermutige Schüler, in die Selbstwirksamkeit zu kommen.			116
Ich stelle Transparenz bei der Leistungsbewertung her.			116

	Das mache ich bereits!	Das will ich!	Info im Buch Seite
Ich ermögliche Partizipation an der Unterrichtsgestaltung.			117
Ich bin Vorbild im Umgang mit herausfordernden Situationen.			118
Ich gebe Triggerwarnungen.			118
Ich mache den Sinn des Unterrichts den Schülern transparent.			120
Ich wirke »Bulimielernen« entgegen.			121
Ich mache den Sinn meines pädagogischen Handelns den Schülern transparent.			122
Ich zeige Akzeptanz.			124
Ich reagiere angemessen auf getriggerte Schüler.			124
Ich spiegele Wahrnehmungen.			125
Ich achte auf Gegenübertragungen.			125
Ich beachte die Komplexität des Systems.			127
Ich beachte die »Aussiebfunktion« des Schulsystems.			128
Ich wirke Schulmobbing und Schulbullying entgegen.			129
Ich stärke den Klassenzusammenhalt durch kooperative Lernformen.			129
Ich binde Erziehungsberechtigte in Prozesse ein.			130
Ich beteilige mich an der Schulentwicklung hinsichtlich Projekten zur psychischen Gesundheit von Schülern.			143 ff.

4.2 Checkliste 2: Was möchte ich in Zukunft nicht mehr tun?

	Das möchte ich loslassen:
Versuchen, Therapeut meiner Schüler zu sein	
Mich auf nur einen Schüler mit allen Ressourcen konzentrieren	
Schüler zur Mitarbeit zwingen	
Eltern zur Mitarbeit zwingen	
Versuchen, ein Ersatzelternteil zu sein	
Gespräche außerhalb bestimmter Kontaktzeiten führen	

Schlusswort

Abschließen möchte ich dieses Buch mit einer kurzen, prägnanten Botschaft: Wahrnehmung, Kontakt und pädagogisches Handeln – diese Prinzipien bilden den Leitfaden für unseren Umgang mit depressiven Schülern.

Die Herausforderungen im Umgang mit psychisch erkrankten Schülern werden in Zukunft bestehen bleiben und möglicherweise sogar zunehmen. Das Bewusstsein für diese Herausforderungen wächst von Jahr zu Jahr, und es liegt in der Verantwortung der Lehrer, sich diesen Herausforderungen zu stellen.

Lehrer machen einen guten Job, wenn sie professionell wahrnehmen können, was sie sehen – in diesem Fall Schüler, die psychisch auffällig wirken. Dann können sie angemessen handeln und Kontakt aufnehmen, um weitere Unterstützung zu ermöglichen. Schließlich sollten sie nicht nur dem einzelnen Schüler gegenüber, sondern auch in ihrem alltäglichen Unterricht pädagogisch handeln. Dieses Buch zeigt, dass dies alles keine Hexerei ist. Lehrer machen bereits vieles richtig, und ich hoffe, dass dieses Buch dazu beiträgt, dass sich Lehrer handlungssicherer und kompetent in ihrer Rolle fühlen. Das Wohlbefinden zu bewahren, wird immer herausfordernder, da Lehrer damit umgehen müssen, dass es vielen Schülern psychisch immer schlechter geht. Doch wir wollen weiterhin der Fels in der Brandung sein und mit größtmöglicher Sicherheit unsere Schüler durch herausfordernde Zeiten begleiten.

Ein Blick in die Zukunft zeigt, dass die Bedeutung der Selbstfürsorge für Lehrer unbestreitbar ist. Angesichts steigender Anforderungen ist es entscheidend, nicht nur die Bedürfnisse der Schüler wahrzunehmen, sondern auch achtsam mit sich selbst umzugehen. Der Lehrerberuf ist wunderbar, jedoch ist es unabdingbar, dass engagierte Lehrer sich um ihr eigenes Wohlbefinden kümmern. Nur gesunde und glückliche Lehrer können sich voll und ganz für das Wohl ihrer Schüler einsetzen.

In diesem Sinne möchte ich alle Lehrer dazu ermutigen, das Dreischritt-Konzept als Leitfaden zu nutzen, um Schülern mit Depressionen bestmöglich in ihrer Rolle als Pädagoge zu helfen. Die Zukunft der Bildung liegt zunehmend in den Händen von Lehrern, die nicht nur für ihre Schüler sorgen, sondern auch für sich selbst, um eine gesunde und unterstützende Lern- und Lebensumgebung zu schaffen.

Die Schule kann ein Stressfaktor sein, aber auch ein sicherer Raum. Lassen Sie uns gemeinsam daran arbeiten, den Stress zu reduzieren und diesen sicheren Raum zu vergrößern.

Passen Sie gut auf sich und Ihre Schülerinnen und Schüler auf, und bleiben Sie gesund in einem der schönsten, aber auch anspruchsvollsten Berufe, die man in dieser Zeit ausüben kann.

Ich wünsche Ihnen aus tiefstem Herzen alles Gute, viel Freude und Inspiration in Ihrem weiteren Berufsleben.

Hier gibt es Hilfe für Betroffene und ihre Angehörigen

Telefonnummern und Onlinehilfen

Hilfe im Notfall
112 (Rettungsdienst)

TelefonSeelsorge®
0800 111 0 111, 0800 111 0 222, 116 123
www.telefonseelsorge.de
Die Telefonseelsorge leistet telefonische Beratung, Beratung per Mail oder Chat und Vor-Ort-Beratung. Die Gespräche sind anonym und kostenfrei. Die Mitarbeiter und Mitarbeiterinnen sind rund um die Uhr erreichbar.

Seelefon
0228 71002424
www.bapk.de
Bundesweite Telefon- und E-Mailberatung für Angehörige von psychisch erkrankten Menschen durch den Bundesverband der Angehörigen psychisch erkrankter Menschen e.V.

Online-Beratung der Caritas
www.caritas.de/hilfeundberatung/onlineberatung
Kostenfreie und anonyme Online-Beratung. Fragen können über ein Formular gestellt werden und es gibt Antwort innerhalb von zwei Werktagen.

Unabhängige Patientenberatung Deutschland (UPD)
0800 0117722
Diese Patientenberatung steht in gesetzlichem Auftrag zu gesundheitlichen Fragen zur Verfügung. Fachkräfte beraten und informieren verständlich, neutral und wissenschaftlich fundiert.

Arzt, Therapeut oder Klinik finden

Psychiatrische Versorgung

Um einen Arzt, einen Therapeuten oder eine Klinik zu finden, kann seit Mai 2024 das neue Vergleichsportal des Bundesministeriums für Gesundheit genutzt werden:

www.gesund.bund.de

Häufig dauert es jedoch, bis man einen Termin bei einem Psychotherapeuten bekommt. Hier können Terminservicestellen gesetzlich Versicherte unterstützen:

www.bundesgesundheitsministerium.de/terminservice-und-versorgungsgesetz.html

Websites

Stiftung Deutsche Depressionshilfe und Suizidprävention

0800 3344533

www.deutsche-depressionshilfe.de

Die Website der Stiftung Depressionshilfe mit Informationen über Depressionen und ihre Behandlung, auch für Angehörige, mit Neuigkeiten aus der Forschung und regionalen Veranstaltungen, Adressen von Krisenzentren, Kliniken und Selbsthilfegruppen. Kontaktmöglichkeiten mit anderen Betroffenen gibt es über das Online-Forum Depression.

Deutsche Gesellschaft für Suizidprävention

www.suizidprophylaxe.de

Diese Website hat einen Link zu zahlreichen Angeboten bei Lebenskrisen und Suizidgefahr, sowohl telefonisch als auch online, für Betroffene und Angehörige.

Freunde fürs Leben

www.frnd.de

Ein Angebot für Information und schnelle Hilfe bei Depressionen und Suizidgedanken mit Telefonnummern und Online-Hilfen.

Selbsthilfeangebote

Über die oben genannten Websites sowie über:

www.selbsthilfenetz.de
Hier gibt es Hilfestellung bei der Suche nach Kontaktstellen vor Ort und Informationen über Selbsthilfegruppen.

www.nakos.de
Die bundesweite Informations- und Vermittlungsstelle im Bereich der Selbsthilfe bietet auch Informationen über Chancen und Risiken von Selbsthilfe im Internet.

DVD

Institut für Systemische Therapie, Wien (2018): Morton Mies. Wie die Depression siegt und wie sie scheitert [Video, als MP4-Datei zum Download, engl. u. dt.]. Heidelberg (Carl-Auer).

Morton Mies ist die »personifizierte Depression«. Im Interview mit einer Psychotherapeutin beantwortet er Fragen wie: »Welchen Einfluss haben Sie auf das Leben der Betroffenen?« Eine nähere Beschreibung und Auszüge sind verfügbar unter: https://ist.or.at/morton-mies/

Danksagung

Ein herzliches Dankeschön an das gesamte Team des Carl-Auer Verlages, insbesondere an Matthias Ohler, der mich vom ersten Kontakt an ermutigt hat, meine Seminare in Textform festzuhalten.

Während des Prozesses geht ein besonderer Dank an Dr. Ralf Holtzmann und Alexander Eckerlin vom Carl-Auer Verlag für ihre wertvollen Beiträge, ihre Zusprache und die Bereitstellung weiterer Quellen. Der größte Dank geht an Veronika Licher und ihr gründliches Lektorat. Ohne ihre Unterstützung wäre dieses Buch nicht das, was es jetzt ist.

Ein weiterer wichtiger Dank gilt allen Teilnehmern und Teilnehmerinnen meiner Seminare, Coachings und Supervisionen, die mit ihren eigenen Ideen und Diskussionen im geschützten Raum dazu beigetragen haben, die Konzepte dieses Buches zu formen und zu verfeinern. Ich bin dankbar für den Austausch mit Schülern und Schülerinnen, Eltern diverser Schulen in Hamburg, die mir stets mit viel Offenheit begegnet sind. Dieses Vertrauen war Anlass und Grundstein, über all die Jahre das Dreischritt-Konzept aus Wahrnehmung, Kontakt und pädagogischem Handeln wachsen zu lassen.

Ein besonderes Dankeschön gilt meinen Kindern, die mich in vielen Nächten am Computer gesehen und mir immer zugetraut haben, dass dieses Buch rechtzeitig fertig wird. Ihr Verständnis für meine besonderen Projekte neben meiner Lehrtätigkeit bedeutet mir alles.

Abschließend möchte ich auch meiner Familie, meinen Freunden und den Kollegen und Kolleginnen, insbesondere meiner früheren Vorgesetzten Kirsten Hitter vom Landesinstitut für Lehrerbildung in Hamburg danken, die mich auf diesem Weg stets unterstützt und ermutigt haben.

Danke!

Katharina Kolberg

Literatur

Abel, U. u. M. Hautzinger (2013): Kognitive Verhaltenstherapie bei Depressionen im Kindes- und Jugendalter. Berlin/Heidelberg (Springer).

Amnesty International Deutschland e.V. (2023): Glossar für diskriminierungssensible Sprache. Verfügbar unter: https.amnesty.de [20.12.2023].

Arnold, R. (2018): Nichtwissende Beratung. Von der Intervention zur Übung. Baltmannsweiler (Schneider Hohengehren).

Bangert, C. (2002): Wenn Lehrer nicht mehr leben wollen: Depressionen verstehen, vorbeugen, überwinden. Berlin (Tenea).

Barmer (Hrsg.) (2021): Psychotherapie bei Kindern und Jugendlichen. Barmer Arztreport 2021. Schriftenreihe zur Gesundheitsanalyse – Band 27. Rheinbreitbach (Plump Druck & Medien GmbH).

Beck, A. T. (2010): Kognitive Therapie der Depression. Weinheim (Beltz), 4. Aufl.

Beck, A. T. u. G. Emery (1981): Kognitive Verhaltenstherapie bei Angst und Phobien. Eine Anleitung für Therapeuten. Tübingen (DGVT).

Bundesärztekammer, Kassenärztl. Bundesvereinigung u. Arbeitsgemeinschaft der Wiss. Med. Fachgesellschaften (2022): Nationale VersorgungsLeitlinie Unipolare Depression – Langfassung. DOI: 10.6101/AZQ/000505. Verfügbar unter: https://www.leitlinien.de/themen/depression [17.06.2024].

Bundespsychotherapeutenkammer (2023): Depressionen. Zahlen und Fakten. Berlin. Verfügbar unter: https://www.bptk.de/psychische-krankheiten/depression/[4.4.2024].

Carl, V. u. C. Kolb (2023): Queere Kinder. Eine Orientierungshilfe für Familien von LGBTQIA+-Kindern und -Jugendlichen. Weinheim (Beltz).

Couvert, B. (2024): Geerbte Geschichte. Wie psychische Erfahrungen an nachfolgende Generationen weitergegeben werden. Heidelberg (Carl-Auer).

Deutscher Philologenverband e.V. (2024): LaiW-Studie »Lehrerarbeit im Wandel«. Verfügbar unter: https://www.dphv.de/2020/03/05/laiw-studie-lehrerarbeit-im-wandel/ [8.5.2024].

De Shazer, S. (1982): Patterns of Brief Family Therapy. An Ecosystemic Approach. New York (Guilford). [dt. (2012): Muster familientherapeutischer Kurzzeit-Therapie. Heidelberg (Carl-Auer).]

De Shazer, S. (1985): Keys to solutions in brief therapy. New York (Norton). [dt. (1995): Wege der erfolgreichen Kurztherapie. Stuttgart (Klett-Cotta), 5. Aufl.]

Dilling, H. u. H. J. Freyberger (Hrsg.) (2016): Internationale Klassifikation psychischer Störungen. ICD-10 Kapitel V (F). Taschenführer zur ICD-10- Klassifikation psychischer Störungen. Berlin (Hogrefe), 8. Aufl.

El-Mafaalani, A. (2018): Das Integrationsparadox – Warum gelungene Integration zu mehr Konflikten führt. Köln (Kiepenheuer & Witsch).

Frankl, V. E. (1977): … Trotzdem Ja zum Leben sagen. Ein Psychologe erlebt das Konzentrationslager. München (Kösel).

Frankl, V. E. (1994): Grundriß der Existenzanalyse und Logotherapie (1959). Berlin (Quintessenz).

Frankl, V. E. (2009): Der Mensch vor der Frage nach dem Sinn. Eine Auswahl aus dem Gesamtwerk. München (Piper), 22. Aufl.

Gebauer, T. (2015): Aktuelle Konzepte zur Krisenbewältigung stabilisieren genau jene Verhältnisse, die Krisen hervorrufen. *medico international:* Rundschreiben 15 (02).

Goltz, Jane von der (2024): Tiktok: »Das größte soziale Experiment der Geschichte«. Verfügbar unter: https://www.doccheck.com/de/detail/articles/47979-tiktok-das-groesste-soziale-experiment-der-geschichte?utm_source=DC-Newsletter&utm_medium=email&utm_campaign=DocCheck-News_2024-05-08&utm_content=asset&utm_term=article&dcuid=dcp_6fbaa2d594617d22af7af8fb7da258f2&sc_src=email_4969841&sc_lid=496025005&sc_uid=ZiqXvrPdpx&sc_llid=191883&sc_eh=9f8740c8ee1b65961 [15.5.2024].

Goyal, M., S. Singh a. E. Sibinga (2014): Meditation Programs for Psychological Stress and Wellbeing. A Systematic Review and Metaanalysis. *JAMA Internal Medicine* 174 (3): 357–368. Published online January 6th, 2014. DOI: 10.1001/jamainternmed.2013.13018.

Harkom, S. (2022): Unterrichtsstörungen meistern. Reframing im Klassenzimmer. Heidelberg (Carl-Auer).

Hegemann, T. u. B. Dissertori Psenner (Hrsg.) (2020): »Ich schaffs!« in der Schule. Das lösungsfokussierte 15-Schritte-Programm für den schulischen Alltag, Heidelberg (Carl-Auer), 3. Aufl. 2023.

Jannan, M. (2015): Das Anti-Mobbing-Buch. Gewalt an der Schule – vorbeugen, erkennen, handeln. Weinheim (Beltz), 4. Aufl.

Kirschstein, G. (2023): Die Gehirnchemie des Glücks – Biochemie der Gefühle im Gehirn. Verfügbar unter: https://menschenfreund.net/die-gehirnchemie-des-gluecks-biochemie-der-gefuehle-im-gehirn/ [20.12.2023].

Kossak, H.-C. (2015): Prüfungsangst – Beraten aus sieben Perspektiven. Heidelberg (Carl-Auer).

Kuhn, A. (2022): 10-Punkte-Programm Depression: Wie Prävention an Schulen aussehen kann – Deutsches Schulportal der Robert Bosch Stiftung. Verfügbar unter: https://deutsches-schulportal.de/schulkultur/depression-bei-schuelern-wie-praevention-in-der-schule-aussehen-kann/ [27.6.2022, aktualisiert am 4.2.2023].

Laux, G. (2011): Depressive Störungen. In: H.-J. Möller, G. Laux u. H. P. Kapfhammer (Hrsg.): Psychiatrie, Psychosomatik, Psychotherapie. Band 2: Spezielle Psychiatrie. Berlin/Heidelberg (Springer), 4. Aufl., S. 371–460.

Levold, T. u. M. Wirsching (Hrsg.) (2023): Systemische Therapie und Beratung – das große Lehrbuch. Heidelberg (Carl-Auer), 5. Aufl.

Maj, M. (2013): Mood disorders in ICD-11 and DSM-5. A brief overview. *Die Psychiatrie* 10: 24–29.

Müller-Rörich, T., K. Hass, F. Margue, A. van den Broek u. R. Wagner (2013): Schattendasein: Das unverstandene Leiden der Depression. Berlin/Heidelberg (Springer), 2. Aufl.

Nutt, D. J. u. L. A. King (2010): Drugs harm in the UK: a multicriteria decision analysis. *The Lancet* 376 (9752): 1558-1565. DOI: https://doi.org.10.1016/S0140-6736(10)61462-6.

Ohler, M. u. D. Revenstorf (2022): Ketamin und Psychotherapie – was geht? In: D. Revenstorf, M. Ohler, F. Nees u. B. Trenkle (Hrsg.): Ketamin und psychoaktive Substanzen in psychotherapeutischen Prozessen. Heidelberg (Carl-Auer), S. 7.

Olweus, D. (2004): The Olweus Bullying Prevention Program: design and implementation issues and a new national initiative in Norway. In: P. K. Smith, D. Pepler a. K. Rigby (eds.): Bullying in schools. How successful can interventions be? London (Cambridge University), pp. 13–36.

Ottomeyer, K. (2015): Der Resilienzdiskurs in Politik und Hilfe. Vortrag auf dem Symposium »Fit für die Katastrophe?«, Stiftung Medico International, Frankfurt, 5.–6. Juni. Verfügbar unter: https://www.medico.de/fit-fuer-die-katastrophe-15981 [4.4.2024].

Peters, U. H. (1984): Wörterbuch der Psychiatrie und medizinischen Psychologie. München (Urban & Schwarzenberg), 3., erw. u. überarb. Aufl.

Peters, U. H. (2016): Lexikon Psychiatrie, Psychotherapie, Medizinische Psychologie. München/Amsterdam (Urban & Fischer in Elsevier), 7. Aufl.

Pitschel-Walz, G., J. Bäuml u. W Kissling (2018): Psychoedukation bei Depressionen. Manual zur Leitung von Patienten- und Angehörigengruppen. München (Urban & Fischer), 2. Aufl.

Pfannmöller, J. (2013): Der systemische Lehrer. Ressourcen nutzen, Lösungen finden. Heidelberg (Carl-Auer).

Potreck-Rose, F. u. G. Jacob (2015): Selbstzuwendung, Selbstakzeptanz, Selbstvertrauen. Psychotherapeutische Interventionen zum Aufbau von Selbstwertgefühl. Stuttgart (Klett-Cotta).

Prior, M. (2016): Beratung und Therapie optimal vorbereiten. Informationen und Interventionen vor dem ersten Gespräch. Heidelberg (Carl-Auer).

Radatz, S. (2010): Einführung in das systemische Coaching. Heidelberg (Carl-Auer).

Rashid, T. u. M. Seligman (1975): Positive Psychotherapie. Ein Therapiemanual. Göttingen (Hogrefe).

Richter, D. u. K. Berger (2008): Nehmen psychische Störungen zu? Eine systematische Literaturübersicht. *Psychiatrische Praxis* 2008 (35): 321–330.

Rogers, C. R. (1974): Lernen in Freiheit: zur Bildungsreform in Schule und Universität. München (Kösel).

Rogers, C. R. (2012): Die klientenzentrierte Gesprächspsychotherapie. Frankfurt/M. (Fischer), 19. Aufl.

Rotthaus, W. (2022): Schulprobleme und Schulabsentismus. Heidelberg (Carl-Auer).

Ruf, G. D. (2013): Einführung in die systemische Psychiatrie. Heidelberg (Carl-Auer).

Ruf, G. D. (2022): Depression und Dysthymia. Heidelberg (Carl-Auer).

Satir, V. (1978): Your many faces. Berkeley, CA (Celestial Arts). [dt. (1988): Meine vielen Gesichter. Wer bin ich wirklich? München (Kösel).]

Schad, A. (2019): Kinder brauchen mehr als Liebe. Klarheit, Grenzen, Konsequenzen. Heidelberg (Carl-Auer).

Schiele, T. (2019): Burnout und Erschöpfungsdepressionen bei Lehrkräften. In: Gewerkschaft für Erziehung und Bildung. *bbz* 10 7 2019, 15.10.2019. Verfügbar unter: https://www.gew-berlin.de/aktuelles/detailseite/burnout-und-erschoepfungsdepressionen-bei-lehrkraeften [4.4.2024].

Seligman, M. E. P. (1992): Erlernte Hilflosigkeit. Weinheim (Psychologie-Verlags-Union), 4., erw. Aufl.

Spiessl, H. u. F. Jacobi (2008): Nehmen psychische Störungen zu? Eine systematische Literaturübersicht. Psychiatrische Praxis (35): 318–320.

Staeck, F. (2015): Depressionsatlas: Immer mehr Fehltage wegen Depressionen. *ÄrzteZeitung online*, 28. 1. 2015. Verfügbar unter: https://www.aerztezeitung.de/Politik/Immer-mehr-Fehltage-wegen-Depressionen-251212.html [4.4.2024].

Stangl, W. (2019): Kognition. Online Lexikon für Psychologie & Pädagogik. Linz (Werner Stangl). Verfügbar unter: https://lexikon.stangl.eu/240/kognition [4.4.2024].

Steiner, T. u. K. I. Berg (2019): Handbuch lösungsorientiertes Arbeiten mit Kindern. Heidelberg (Carl-Auer), 8. Aufl. [am. Orig. (2003): Children's solution work. New York / London (W. W. Norton).]

Stiftung Deutsche Depressionshilfe und Suizidprävention (2021): Depression: Informationen und Hilfe zum Umgang mit der Krankheit. Verfügbar unter: https://www.deutsche-depressionshilfe.de [4.4.2024].

Timpner, C. u. R. Eckert (2016): Körpersprache in der schulischen Kommunikation. Heidelberg (Carl-Auer).

Vollenweider, F. (2021): Psilocybin und andere Psychedelika – Therapie der Zukunft? Verfügbar unter: 804AEF3F-5056-804E-044BB78EE5E39593.pdf (pukzh.ch) [21.4.2024].

Watzlawick, P. (2016): Man kann nicht *nicht* kommunizieren. Ein Lesebuch. Bern (Hogrefe), 2. Aufl.

Winkelmann, I. (2014): Systemisch-ressourcenorientiertes Arbeiten in der Jugendhilfe. Heidelberg (Carl-Auer).

Wiehe, D. (2020): Hohe Arbeitsbelastung bei Lehrern. Verfügbar unter: https://www.vdek.com/magazin/ausgaben/2020-02_corona/gestresste-lehrer.html [22.4.2024].

Wöller, W. u. J. Kruse (Hrsg.) (2018): Tiefenpsychologisch fundierte Psychotherapie. Basisbuch und Praxisleitfaden. Stuttgart (Schattauer), 5. Aufl.

Wyrwa, H. (2012): Konfliktsystem Mobbing. Ein Theorie- und Praxismodell für Therapie und Beratung. Heidelberg (Carl-Auer).

Wyrwa, H. (2016): Pro Mensch – kontra Mobbing. Ein systemisches Interventionsprogramm für Schulen. Heidelberg (Carl-Auer).

Über die Autorin

Katharina Kolberg, Dr. jur.; Volljuristin, Oberstudienrätin; psychotherapeutische Heilpraktikerin, Systemischer Coach, Supervisorin; Studienseminarleiterin am Landesinstitut für Lehrerbildung und Schulentwicklung Hamburg, Mentorin für Lehramtsanwärter, Berufs-und Entwicklungsberaterin an einer Stadtteilsschule und Fortbildnerin zum Thema »Depressionen im System Schule«.

Kontakt: Katharina.Kolberg@bs11.eu

Stimmen zum Buch

»Katharina Kolberg greift ein Thema auf, das auch für die Zukunft unserer Gesellschaft – und das sind unsere Kinder – nicht wichtiger sein könnte. Ein bedeutender Beitrag zu Endstigmatisierung und Awareness, kombiniert mit einem pragmatischen Dreischritt-Konzept, fachlich hervorragend recherchiert und kompetent in der Aussage, auch aufgrund ihrer breitgefächerten Ausbildung und der ihr eigenen professionellen Schnittstelle zwischen Pädagogik und Therapie.«

Prof. Dr. med. Matthias R. Lemke,
Facharzt für Psychiatrie und Psychotherapie,
Ärztlicher Direktor an den Heinrich Sengelmann Kliniken, Hamburg

»Dieses Buch sensibilisiert auf allen Ebenen und zeigt praxisnah konkrete Handlungsoptionen auf, um psychisch beeinträchtigten Schülerinnnen und Schülern in der Schule zu begegnen und sie zu unterstützen. Es vermittelt Lehrkräften die dringend gebrauchte Sicherheit in der Auseinandersetzung mit dem Thema sowie den Umgang mit den Betroffenen. Und es wird deutlich: Ich kann hilfreich sein, auch wenn ich keine Therapeut:in bin!«

Heike Zimmer, Schulpsychologin

»Aus der Praxis für die Praxis: Das Buch gibt konkrete Hinweise zur besseren Wahrnehmung von Problemsituationen im pädagogischen Kontext und zeigt Handlungsmöglichkeiten und Unterstützungsangebote auf. Das Dreischritt-Konzept ist hilfreich für die pädagogische Arbeit und sollte fester Bestandteil der Qualifizierung von Lehrkräften und pädagogischen Fachkräften werden.«

Uwe Böhm, Berufsschullehrer und Lehrkräftetrainer
am Landesinstitut für Lehrerfortbildung in Hamburg

»Katharina Kolberg schreibt sehr persönlich und direkt über einen Bereich in der Schule, der fast totgeschwiegen wird. Sie nutzt klare Formulierungen und aussagekräftige Beschreibungen, die einen hohen Praxisbezug haben. Durch den angeregten Transfer kann jede Lehrkraft das hier erworbene Wissen direkt und detailliert anwenden. Die Praxisbeispiele regen eine Selbstreflexion auf erfolgte, aktuelle und zukünftige Wahrnehmungen und Gespräche mit Schülerinnen und Schülern an.«

Kirsten Hitter, Diplom-Pädagogin, Coach und Supervisorin